美字進化論

進化論

美字

李彧—著

本書讓你的美字最終進化

美字像太陽，耀眼又暖心

　　近來社會掀起一股寫字風潮，許多人開始拿筆寫字，藉由寫字達到靜心、療癒的目的。不過，若只是靜心寫字，卻沒有將寫字能力提升，實在非常可惜。老實講，寫字並不難，而是難在不懂得寫美字的方法。其實寫美字的方法很容易，只是沒有被淺顯易懂地表達出來。為了讓想練字的朋友能真正達到練字的效果，因此編寫這本練字工具書，希望能幫助大家寫出一手美字！

　　經常看到一些有心想寫好字的朋友，隨手找來一本字帖就開始練字，殊不知這字帖上的字不但沒辦法讓字變得更漂亮，反而還因為範字的誤導，變成終身難以改變的錯誤寫字習慣。長久以來，我們對於寫字有不少錯誤的認知，甚至還積非成是，誤導孩童學習。

　　你知道國字其實不是方塊字嗎？你知道「橫平豎直」真正的意思嗎？還有，主筆是什麼？字該怎麼組合才好看呢？……諸如此類看似簡單又理所當然的問題，其實正是許多人普遍存在的錯誤寫字觀念。而這些，在我們求學的過程中，似乎不曾有人真正告訴過我們。

　　隨著時代的演進，各種書體相繼出現在歷史的舞臺，豐富了文化的內涵。而做為現代主要習字基礎的楷書，透過各部件的組合，產生千變萬化的造形。其筆畫有長有短，有正有斜，組字時若能創造斜勢並伸展主筆，每個字就能向太陽般耀眼，串聯成句，賞心悅目。書中範字即以此為目標，藉由清晰的字形引導讀者練字，獲致潛移默化的功效。

　　練字要有方法，否則即使再怎麼認真寫，字也不容易有太大的進步！本書旨在透過800個常用字的示範與重點解說，讓讀者能快速而有系統的掌握國字各種結構的組合方法，進而熟能生巧，於日常書寫中靈活運用。書中所述悉以簡明扼要方式呈現，期能提高讀者學習的效率，然疏漏之處在所難免，歡迎不吝指正。

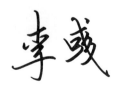

本書使用方法

本書精選800個常用中文字，並獨家以「字形結構」分類，從最初階的「獨體字」循序漸進至最難掌握的「複雜字」，每天按部就班書寫練習，很快就會有長足的進步。

步驟一

請先閱讀PART 2～PART 3，熟悉寫美字的基本筆法、運筆原則及字形結構。

步驟二

接著練習800個常用字。請先閱讀48頁的標記說明，再開始習字。首先描紅三次，再根據定位點提示寫兩次，最後自主練習五次。頁面下方還有重點提醒，幫助你掌握寫美字的關鍵。

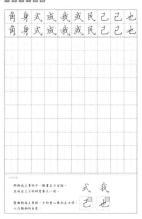

步驟三

800個字都寫過之後，若想特別挑選某些單字練習，可透過以下方式查找：

一、假設你要找「每」。「每」是獨體字，先查找目錄，並翻到49頁、獨體字。

二、再從49頁的表格中找到「每」這個字，就可查到頁碼了。

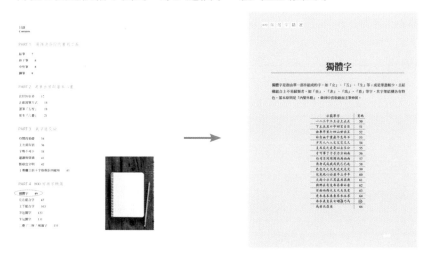

目錄
Contents

PART 1　選擇適合你的書寫工具

PART 2　運筆五度與基本八畫

PART 3　美字進化論

PART 4　800 常用字精選

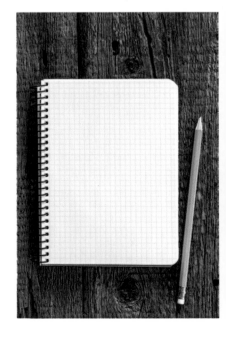

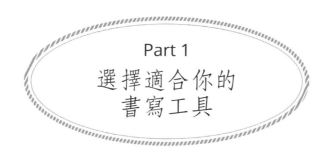

Part 1
選擇適合你的
書寫工具

　　所謂工欲善其事，必先利其器。這說明書寫工具的選擇攸關書寫的效能。硬筆字的書寫工具有筆、墨、紙、桌墊等，選擇的筆若能配合適當的紙張，再加上墨色的搭配，就能寫出線條效果絕佳的字。當然這不必然會是漂亮的字，因為漂亮的字還需要有純熟的筆法與組字的結構觀念才能完善，這在書中會有詳細的解說。不過，有好的書寫用具，至少書寫時能心情愉悅，不受外在條件困擾，能達到寫字放鬆的狀態。當然，價格昂貴的筆不必然是好寫的筆，只要寫起來順手，那麼對自己來說，就是一支好筆！

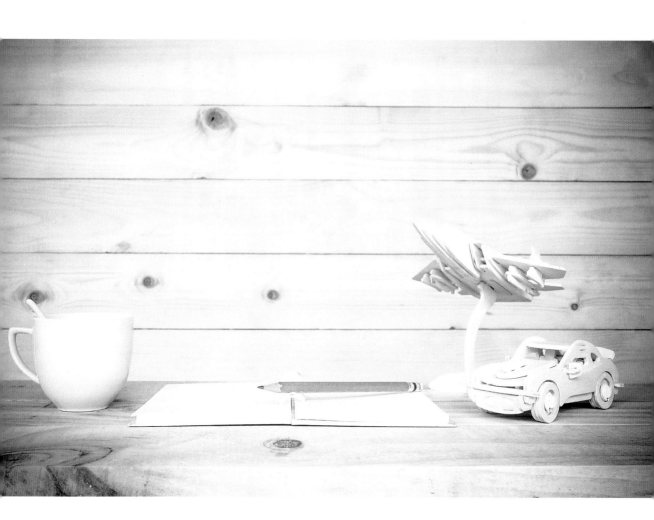

　　坊間有些專門講述鋼筆或其他書寫工具的書籍，內容相當豐富。而本書以常用字練寫為主要目的，在工具選擇方面則以各類常用筆的特性與紙張搭配的要點為主，關於墨色的調和與筆尖的型號種種，則簡要介紹，不多加著墨，待書寫技能達到一定程度後，讀者再深入探討研究。

硬筆與軟筆

　　硬筆與軟筆是筆的兩大分類。所謂軟筆，就是以獸毛或塑膠材質製成筆尖用來書寫的工具，像毛筆、水彩筆、塑膠軟筆等都是。而現代社會在日常生活中主要用來書寫的工具為硬筆。硬筆家族的成員很多，常見的有鉛筆、原子筆、中性筆、簽字筆、鋼筆等。另外，教師寫在黑板上的粉筆也是其中一員，只不過具有教學上的特殊用途，較不會在日常生活使用。當然還有一些像蠟筆、彩色筆、螢光筆等以彩繪或標記用途為主的筆，也屬於硬筆家族的成員。

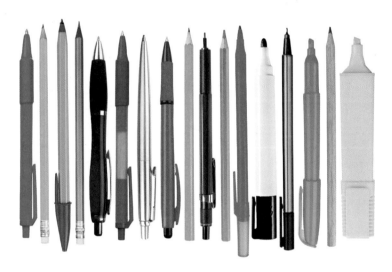

　　硬筆的筆尖細小，彈性不如軟筆，寫出來的筆畫粗細變化較小，因此主要以書寫小字為主。儘管無法寫出如毛筆書法那樣氣勢磅礴的大字，卻能發揮其精巧而實用的特性，廣泛用於日常書寫之中。再者，硬筆的墨色玲瑯滿目，搭配的紙張顏色與材質更是千變萬化，這是傳統毛筆書法所遠遠不及的。

　　根據線條寫出的方式不同，硬筆又可分成出水性硬筆與磨損性硬筆兩大類。出水性硬筆是指利用墨水寫出線條的書寫工具，如原子筆、中性筆、簽字筆、鋼筆等；而磨損性硬筆則是指磨損自身材質寫出線條的書寫工具，如鉛筆、蠟筆、粉筆等。因為書寫時的摩擦力不同，控制的難易度也不同。大抵而言，磨損性硬筆的摩擦力較大，運筆上比較容易控制，筆

畫的粗細會隨著磨損角度與用力大小而明顯改變，能較佳的表現筆畫的美感。

　　以下分別介紹常用的各類筆種，並從其特性與紙、墨的搭配要點加以說明，讀者可依自身需求做選擇。

鉛筆

　　鉛筆的軟硬度依照標示可簡單分成H（硬度）與B（色度），做為選擇時的參考，H前面的數字愈大，表示其硬度愈大，顏色愈淡，而B前面的數字愈大，表示其顏色愈黑，硬度愈小。

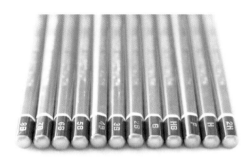

　　一般學生多使用HB的標準鉛筆寫作業，但硬度還是稍大，顏色也比較淺，多半需要用力一點，筆畫才能寫得清晰。因此，建議使用2B～4B的製圖鉛筆來練習寫字，能更好地表現筆畫的粗細，同時也能較省力地寫出清晰的字跡。而5B以上的鉛筆則筆芯偏軟，顏色較黑，容易弄髒紙面，影響美觀與書寫時的心情。除了為表現較大的粗細變化之類的特殊需求外，不建議用來練習寫字。至於標示H的鉛筆硬度較大，顏色也較淺，不易表現筆畫的粗細，因此也不適合用來練習寫字。

　　鉛筆沒有墨水選擇的問題，但卻有筆芯尖與不尖的不同書寫狀況。一般剛削好的鉛筆較尖，書寫時容易斷裂，且不易寫出線條的粗細變化，因此可稍微在紙上摩擦，使筆芯鈍一點再寫，就能避免這些問題。

　　鉛筆以磨擦筆芯寫出線條，因此在大部分的紙張上都能書寫。一般紙張如影印紙、道林紙等皆適合用鉛筆書寫，而卡紙、銅版紙等較光滑的紙面則因摩擦力小，不易顯現出線條的顏色，較不適用。通常紙張的厚度在50～80磅之間最適宜以鉛筆寫字，太厚或太薄皆不宜，紙張表面宜平整，摩擦力適中，過於粗糙與平滑皆不佳。此外，容易反光之紙張亦應避免使用，以防傷害眼睛。

　　鉛筆經常搭配橡皮擦使用，橡皮擦以柔軟、容易擦拭且較不掉屑者為佳。墊板則宜軟硬

適中，用太軟的墊板與不用墊板一樣，易造成筆畫凹陷，使紙面凹凸不平，影響次頁之書寫；用太硬的墊板則因紙面彈性較小，不易表現提按的粗細變化。有些人為了追求線條更多的變化，也會墊一塊墊布來增加書寫時的彈性，日常書寫時墊幾張紙來寫，其實效果就非常好。

原子筆

原子筆的油性墨水，書寫時不會有墨量的問題，運筆流暢滑順，是日常書寫中常用的工具，幾乎在所有紙張上皆能書寫。不過，筆尖的鋼珠使用一段時間後或不小心摔落地面，往往會造成筆畫中空，或者書寫斷斷續續，甚至收筆時產生積墨的情況。

購買原子筆時，只要書寫流利不積墨就行，重要的是不用時應將筆套蓋好，不要隨便碰摔。由於是油性墨水，在銅版紙一類光滑的紙張上書寫，容易將線條的質感呈現出來，而且能立即乾墨，除非有積墨情形，否則不易有沾污的困擾。

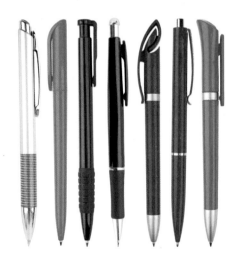

中性筆

若要說日常生活中最普遍使用的硬筆，中性筆絕對當之無愧。雖然是家族中的後起之秀，卻因為吸取了原子筆書寫的便利性和鋼筆的流暢性，結合兩者的優點而大受歡迎。比起原子筆，中性筆多使用類油性墨水，也就是比油性原子筆稍微滑順的膠狀墨水，在書寫時更為流暢，又因不是水性墨水，一般的紙張都容易書寫，也較少斷斷續續出墨的情形。比起鋼筆，不但沒有填裝墨水與墨水暈染的問題，而且還能更換筆芯，方便又實用。當然若摔落地面碰撞到筆尖，筆仍會報銷。

中性筆的特點之一是墨水顏色種類多，可以書寫在各種顏色的紙張上，呈現出不同的質感與風貌，這種條件是傳統毛筆書法所遠遠不及的。此外，中性筆有各種粗細的筆尖，一般常用0.38mm至0.5mm的筆來寫，有時為求筆畫有更大的粗細變化，則可選擇0.7mm至1.0mm的筆來表現。近年來，市場上百家爭鳴，各種廠牌的中性筆有多款顏色與筆尖粗細可供選擇，尤其是亮色的墨水寫在深色的紙張上，線條的立體感特別豐富，層次分明，宛如古代碑刻上的拓印一般，鈐上小印後，藝術效果每每讓人驚豔不已！

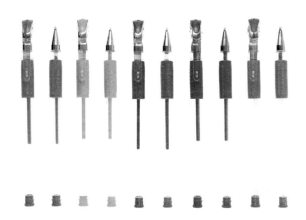

鋼筆

　　鋼筆是硬筆家族中最具代表性的成員，有時甚至以鋼筆書法做為硬筆書法的代名詞，原因與鋼筆書寫的表現力多少有點關係。鋼筆透過毛細現象將墨水釋出在紙面上，透過筆尖的流轉，讓墨色在紙張的毛細孔裡渲染。鋼筆尖的材質從鈦、銥等金屬到K金，筆桿也符合人體工學，工藝的發展早已進階到藝術品的領域。

　　我們所熟知價格上萬的萬寶龍鋼筆，帶有一點身分地位的象徵。然我們可購買平價鋼筆，如日本百樂微笑鋼筆、德國Stabilo天鵝牌；或者德國Online、德國Lamy、日本白金牌等中價位鋼筆亦頗受大眾喜愛。現在也有許多價格低廉的中國製鋼筆，寫起來亦十分順手。尤其專門為了書寫毛筆書法般線條而設計的書法尖鋼筆（又稱為美工鋼筆），更是琳瑯滿目，各類型號筆尖粗細不一，從楷書到篆、隸，乃至行草，皆有極佳的表現力，甚至能與毛筆書法的線條相媲美。這些都是可以用來練字的鋼筆品項，選購時只要寫起來順手即可。

　　當然，鋼筆搭配著墨水使用，選擇上多會先考量顏色，然後再考慮會不會暈染，有沒有防水，價格貴不貴……在顏色上，有時為了特殊需求選擇特定顏色，如為了抄經，可能選擇金色墨水，表現經文的莊嚴；有時為了字跡有漸層效果而選擇調和墨水。另外也有墨色較濃的碳素墨水，能使字跡顯得清晰而立體，缺點是容易造成堵墨狀況；或者一般顏色較淡的墨

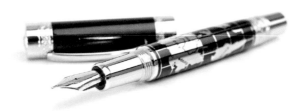

水，書寫時線條會出現墨的濃淡變化。而墨水搭配紙張，也是造成不同線條質感的要素。

通常紙張的纖維愈細緻，書寫起來墨水較不會暈開，只有試寫才能清楚確知紙張的性能，並非以紙張的厚薄判斷。但太過平滑、無法吸墨的紙張也不能拿來用鋼筆書寫，水性墨液是無法上墨的。

鋼筆的筆觸雖能有較佳的粗細變化，但相對的也較不易控制，因此不建議初學寫字的人使用，萬一因為墨水控制不好，反而破壞了書寫的興致。大多數人日常是以原子筆或中性筆之類的出水性硬筆來寫字，取用方便，墨水多為油性，或介於油性與水性之間的類油性墨水，在一般的紙張上都容易書寫，不易有暈染的問題，適合做為改善書寫習慣的工具。

當練字一段時間後，構字基礎逐漸穩固，則使用各種書寫工具都不成問題，所謂「善書者不擇筆」，只要化時間熟悉各類書寫工具的特性，就能隨心所欲地愉快寫字了。

本書以0.7mm中性筆書寫範字，乃取其字跡清晰、書寫便利，又有較佳書寫品質等優點，同時亦具有一定程度的美感表現力，希望能提供讀者練字時的參考。

硬筆字與硬筆書法

凡是利用硬筆寫出來的字都可稱為硬筆字，包括國字、數字、英文字等。而「書法」是指書寫的方法，有規則可循，只要適當地運用就能展現文字之美。因此我們將傳統毛筆書法的要素：筆法、結構、章法等，運用在硬筆的書寫上，就是所謂的「硬筆書法」。

本書希望透過書寫800個常用字，讓讀者熟悉硬筆書法的書寫技巧，在練字的過程中改變書寫的習慣，也同時體會書寫的美好。

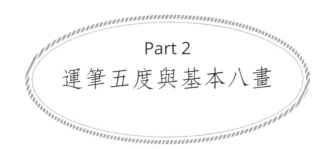

Part 2
運筆五度與基本八畫

　　筆法即筆畫的寫法，是構成硬筆書法的要素之一。筆法包括筆畫的長度、角度、力度、弧度、速度等「五度」；筆畫則有點、橫、豎、撇、捺、挑、折、鉤等基本「八畫」。假如能隨時掌握「五度」與「八畫」，寫出來的線條必然充滿變化與美感。

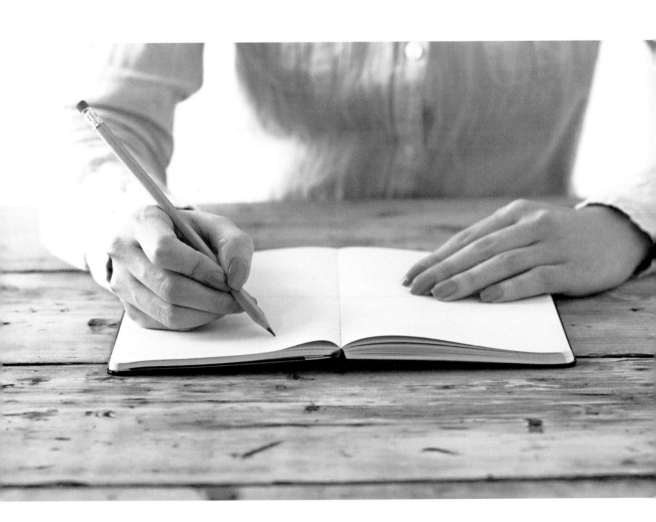

良好的坐姿

坐姿是一種習慣，長期坐姿錯誤將嚴重影響兒童生長發育，對於長時間書寫的成人亦會造成脊椎不適或疲勞的症狀，大大影響書寫的效能。

造成坐姿錯誤的原因主要有三，分別是執筆錯誤、桌椅高度與身高不能配合，以及個人習慣不良所造成。其中，因執筆姿勢錯誤，而導致必須傾斜身體才能看見書寫位置，於是身體就貼近桌面並向左傾斜，長期下來勢必嚴重影響生理健康。

我們都知道坐姿要端正，而「端正」並不是正襟危坐、肌肉緊繃的狀態。良好的坐姿應以輕鬆自然為原則，只有舒舒服服地寫字，才能寫出一手美字。以下提供幾項正確坐姿的要點：

一、上半身姿勢

頭部保持端正，身體稍微向前傾，兩手臂自然放在桌面，手肘靠近身體並略低於手腕，眼睛距離紙面約20～30公分左右，必要時可調整座椅的高度。

二、下半身姿勢

雙腳應自然平放於地面上，不可翹腳或過度分開，也不可歪斜或交疊在一起。下半身的姿勢雖然對書寫的好壞不會有絕對的影響，但良好的坐姿可以幫助身體平衡，同時看起來也較為優雅。

三、書寫最佳位置

以右手執筆書寫來說，書寫的最佳位置約在視線中間偏右的地方，這樣能保持良好坐姿，又能使運筆更為順暢。然書寫過程不可能一直移動簿本，因此頭與手在合理的範圍內會稍微移動，只要保持基本端正的坐姿即可，不必過於拘泥。

良好坐姿習慣應從小培養，寫字時才能心無旁騖，達到最佳的書寫狀態。

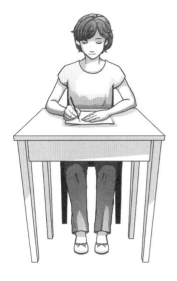

正確坐姿：正面

1. 兩手臂自然平放於桌上，左手按住簿本，右手執筆，雙臂不可夾得太緊，書寫才能較為靈活、順暢。頭部稍微向前傾，眼睛距離紙面約20～30公分，絕對不可向左歪斜，或下巴貼近桌面。
2. 雙腳自然彎曲，切勿翹腳或抖腳。
3. 書寫的最佳位置在視線中間偏右的地方。

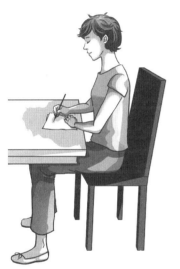

正確坐姿：側面

身體不應緊貼桌沿，大約距離桌沿一個拳頭的寬度。必要時可移動簿本，以取得最佳的書寫位置。

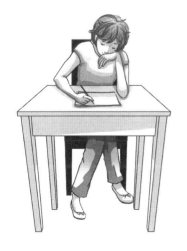

錯誤坐姿

頭向左方歪斜，且眼睛離紙面太近，會造成脊椎不適，也容易出現疲勞症狀，影響書寫的效果。

正確握筆方式

當我們開始準備寫字時，首先遇到的問題就是如何正確握筆。正確的握筆能使筆畫的運筆過程較順暢，同時也能較容易掌控書寫的力道，而更重要的是對於坐姿的正確與否，將產生極大的關聯性。

首先，我們先來了解正確的握筆方式。為了讓大家更簡單地掌握正確握筆的關鍵點，以下分四個部分說明：

一、三指抓握原則

碰觸筆桿的手指只有拇指、食指與中指。拇指與食指的第一節指腹分別抓握筆桿的兩側，中指的第一節指腹左側靠在筆桿下方，三指距離筆尖約3公分左右。其中食指、中指較長，因此會略近筆尖。假如手指抓握位置距離筆尖太近，會阻礙書寫時的視線，間接導致坐姿歪斜。此外，還要特別注意拇指與食指不可碰觸或交疊，否則會影響運筆時的活動範圍。

三指抓握的位置正確與否會直接影響運筆的流暢性，也同時影響書寫時的力道。三指抓握點各有其功能，拇指在筆桿左側，當書寫橫畫、挑畫等右行筆畫時，可以有效向右施力；食指在筆桿右側，當書寫豎畫、撇畫等下行筆畫時，可以有效向下施力；而中指由下方抵住筆桿，能將筆畫往左上方帶，在寫豎鉤、橫折鉤時特別能展現力道。因此，「三指鼎立」就能發揮最佳的書寫效能。

正確握筆圖

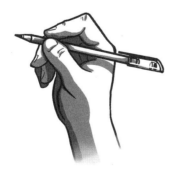

拇指與食指的第一節指腹分別抓握筆桿的兩側，中指的第一節指腹左側靠在筆桿下方，三指距離筆尖約3公分左右。

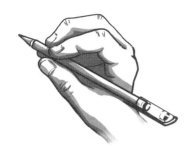

錯誤握筆圖：中指位置錯誤

中指功能被無名指取代，食指失去運筆功能，較不易有效施力。

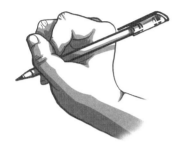

錯誤握筆圖：拇指交疊

影響書寫時的活動範圍。

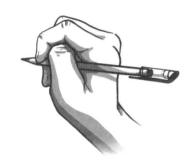

錯誤握筆圖：食指交疊

向右行的筆畫較不易施力，影響書寫的流暢度。

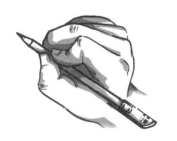

錯誤握筆圖：食指凹陷

食指過於用力，導致手部緊繃，影響書寫的流暢度。

二、指實掌虛

　　為了使運筆時更順暢，必須保持掌心空虛。這與毛筆的抓握原則相同，都是為了使運筆的空間較大，能較流暢的書寫。因此，握筆時輕鬆抓握，不必過於用力，同時無名指與小指自然併攏在中指下方，與掌心保持適當距離，千萬不可緊握成拳頭狀，否則容易造成許多較長筆畫的書寫不夠順暢，甚至影響筆畫的提按控制。

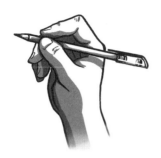

握筆正確圖

無名指與小指自然併攏在中指下方，與掌心保持適當距離。

握筆錯誤圖

手指緊握成拳頭狀，嚴重影響運筆的流暢度。

三、筆桿斜靠的位置

　　筆桿斜靠在虎口上方，食指與手掌連接的關節處附近。依照個人習慣差異或筆的性質有別，稍微前面一點或後面一點，對運筆並不會有太大影響。基本原則是，筆桿與紙面的傾斜角約45〜60度，筆尖須指向左上方，這樣才能較順暢的書寫。

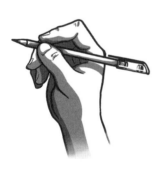

握筆正確圖

1. 筆桿斜靠在食指連接手掌的關節附近。
2. 筆桿與紙面的傾斜角約45〜60度。

握筆錯誤圖

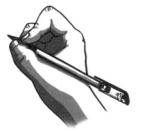

筆桿靠在虎口下方，筆桿與紙面之傾斜角較小，拇指的關節會阻礙視線。

筆尖沒有指向左上方。

四、掌心豎起

這是正確握筆方法中極為重要的部分，攸關著坐姿是否正確。當前面三個部分都已掌握好，就要注意拇指與手掌連接的那塊肌肉，千萬不可緊貼桌面，手掌應豎起，使掌心朝向左方。這樣不但視線不會受阻，手指抓握的高度也會較高，更易於書寫。反過來，若手掌未豎起，掌心朝下，拇指的關節勢必阻擋視線，將造成坐姿歪斜。

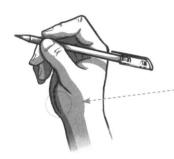

握筆正確圖

這一塊肌肉要離開桌面，手掌要豎起。

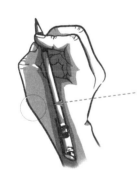

握筆錯誤圖

這一塊肌肉沒有豎起。

運筆「五度」

筆法即筆畫的寫法，是構成硬筆書法的要素之一。筆法包括筆畫的長度、角度、力度、弧度與速度等「五度」，如此造就出線條的質感。一個字中的筆畫各有其長短與走向，相同的筆畫也會因所在位置不同而有所差異，但每個筆畫基本的運筆方式大致是不變的。其中，筆畫的長度、角度較容易把握，而力度、弧度與速度則相對困難些。以下透過圖示加以說明，讀者可以在練字時慢慢體會。

一、長度

每個筆畫各有長短，書寫時應清楚拿捏。例如：點畫小巧，絕不會寫得比其他筆畫長，這是很基本的認識。只要掌握筆畫適當的長度，就能完美呈現結構組合的均衡狀態。在一個字中，筆畫相對的長度更是產生主筆與次筆差異的關鍵，例如：「重」、「料」二字。

● 筆畫各有長短，書寫時應清楚拿捏。

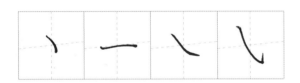

● 「重」字的主筆長橫明顯伸展，與次筆的短小產生極大的對比；「料」字的兩豎長短差異明顯，能凸顯出主筆的伸展。

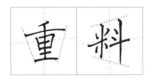

二、角度

每個筆畫本身會有其運筆的角度，尤其折畫與鉤畫的角度往往影響著字跡的美觀與否。而每個筆畫在字中的位置不同，其書寫的角度也會略有差異。例如：「非」、「典」二字。

● 折畫與鈎畫的角度往往影響著字跡的美觀與否。

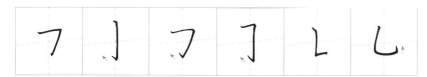

● 「非」字的橫畫各有不同的角度；「典」字的四個豎畫各有不同的角度。

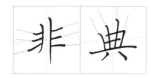

三、力度

　　下筆的力量配合運筆速度的改變，產生筆畫的輕重變化。我們可以簡單的將力度理解為筆畫的提按，下筆力量相對輕為提，下筆力量相對重則為按，輕重交替運用就能產生粗細與方圓變化。運筆輕提能使筆畫細而圓轉，重按則能使筆畫粗而方折。

● 有提按（上）／無提按（下）

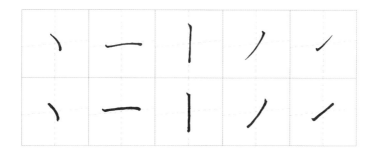

　　對於初學者而言，控制筆畫的輕重並不容易，一般都會過於用力，而且整個筆畫從頭到尾都用相同的力量行筆，因此筆畫的粗細缺少變化，顯得毫無生氣。

　　因為硬筆寫出的線條粗細變化不大，剛開始可選用較粗的筆練習畫線，運筆過程可一小段輕輕提筆運行，接著一小段稍微重按運行，體會提按運筆的粗細變化。經常練習後，便可轉換自如，使筆畫充滿韌性與生命力。

● 有提按的字看起來較有精神；無提按的字顯得較為呆板。

【有提按／無提按】

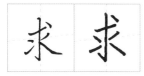　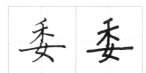

四、弧度

　　為了讓線條呈現柔美的姿態，幾乎所有筆畫都有彎曲，只是彎曲的幅度有大有小，這樣能使整個字看起來不會顯得僵硬呆板。

　　硬筆字的筆畫線條短，彎曲的變化相當細微，有時甚至很難察覺。若要寫出較佳的弧度，運筆時應放鬆手部肌肉，配合適當的速度，才能寫出自然流暢的線條。

●有弧度（上）／無弧度（下）

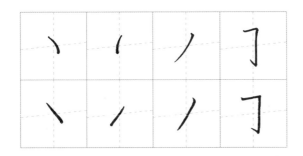

●「存」字的彎鉤與長橫有弧度；以及「司」字的橫折鉤有弧度，看起來較為活潑。

【有弧度／無弧度】

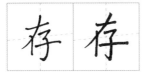　　　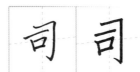

五、速度

　　運筆速度的快慢，會直接影響筆畫的流暢感。若要使筆畫看起來較為挺拔有力，運筆應有一定的速度，若運筆的速度太慢，往往會使筆畫顯得疲弱無力，產生鋸齒狀不斷抖動的遲滯現象，影響整個字的美觀。如果使用水性墨液的硬筆書寫，還有可能因為運筆速度過慢而造成暈墨的情況。當然，每個筆畫運行的速度有快有慢，總是快快慢慢地變化著，例如：長橫的起筆與收筆的速度較慢，中段的行筆速度相對較快，只有保持適當的運筆速度，才能寫出最佳的筆畫線條。

● 有速度（上）／無速度（下）

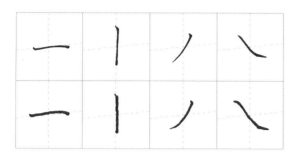

● 「女」的長橫有速度，筆畫顯得流暢有力；「速」的捺畫有速度變化，顯得自然飄逸。

【有速度／無速度】

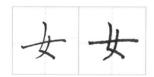 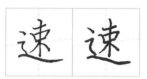

假如每個筆畫的運筆都能隨時掌握這「五度」，那麼寫出來的線條必然充滿變化與美感。

基本「八畫」

認識了運筆的「五度」後，下面八種基本筆畫的書寫要領，將以圖解說明的方式，並搭配範例對照，讓讀者更容易掌握筆畫的形態。

一、點

正確寫法
左點／右點

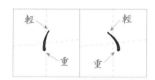

練習寫寫看

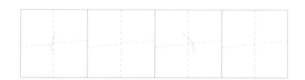

● 書寫要領：點在所有筆畫中最為短小，扮演著畫龍點睛的角色。雖然做為配角，卻有各種形態，書寫時應注意其方向、弧度與輕重的變化。因為點的書寫方向多變，經常可透過點畫的映帶，將整個字的氣息連貫起來，使字形看起來更顯活潑。

常見書寫錯誤

①起、收筆沒有提按分別,粗細相同。

②起筆重,收筆輕。

③沒有弧度。

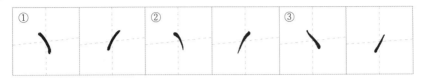

範字　小／不

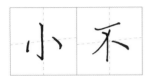

練習寫寫看

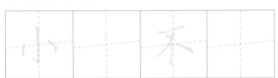

延伸學習

● 字口:是指字的開口,有些筆畫起筆時要由左上方向右下方輕輕頓筆,再開始行筆。例如:長橫、長豎、撇畫、斜鉤等。書寫時要注意在起筆處頓筆下按後,即開始行筆前進,不可大幅度移動,以免產生太大的字口,造成筆畫出現怪異突兀的折角。

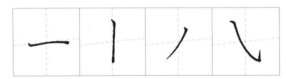

練習寫寫看

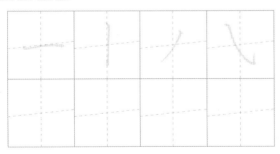

● 相向點／相背點:點與點搭配出現的情況很常見,在字頭或字中多出現相向點,兩點相呼應;在字底則多為相背點,分別指向兩側,撐起上方的部件。

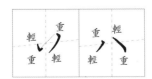

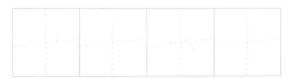

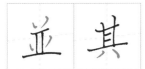　　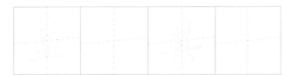

二、橫

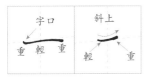　　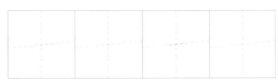

● 書寫要領：橫畫在字中出現的頻率很高，有長橫與短橫兩種。書寫時要注意由左向右的傾斜角度與弧度，應避免寫成水平的線條，否則字看起來雖然平正卻會顯得呆板。長橫與短橫收筆方式相同，都是輕輕下按後向左回鋒，但長橫起筆有字口，運筆有弧度，短橫則大多沒有字口或字口不明顯，運筆多斜向右上方。

①長橫起筆沒有字口。
②字口過大。
③收筆沒有回鋒。
④長橫沒有弧度。

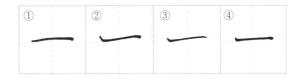

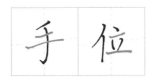　　

● 筆畫收筆的方式有回鋒與出鋒兩種。「回鋒」是指筆畫書寫到收筆處，將筆尖輕按，並往反方向彈回，使末端形成稍重的頓筆。如左點、右點、橫畫與垂露豎的收筆。「出鋒」是指

筆畫寫到收筆處，筆尖直接上提，離開紙面，形成尖尾。如撇、捺、挑、鉤與懸針豎。

回鋒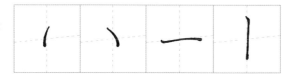

出鋒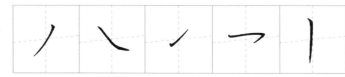

練 習 寫 寫 看

回鋒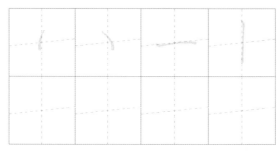

出鋒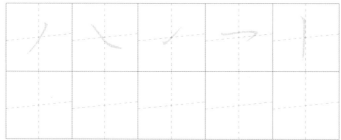

● 俯仰橫：當字中出現兩橫畫時，上橫要寫成仰橫，下橫要寫成俯橫。

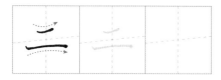

常 見 書 寫 錯 誤

①兩橫沒有弧度。

②兩橫向同方向彎曲。

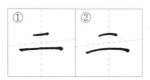

範 字　土／立

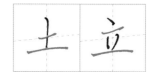

練 習 寫 寫 看

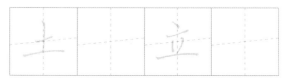

三、豎

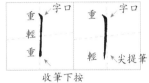
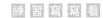

練 習 寫 寫 看

- 書寫要領：豎畫的寫法與橫畫相似，有「垂露豎」與「懸針豎」兩種。兩者起筆都有字口，不同的是垂露豎收筆時頓筆回鋒，懸針豎則提筆出鋒。一個字中多用垂露豎，懸針豎則多用在最後一筆畫。

常 見 書 寫 錯 誤　垂露豎 / 懸針豎

　　①起筆沒有字口。　　　　③筆畫歪斜。
　　②字口太大。　　　　　　④筆畫抖動。

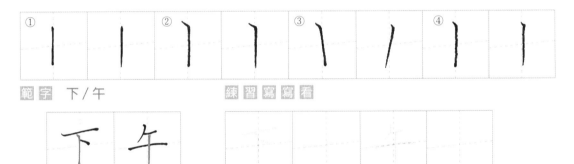

範 字　下 / 午

練 習 寫 寫 看

延 伸 學 習

- 向背豎：當字中出現兩豎畫時，可以一左一右向內稍微彎曲，形成弧度，或稍微寫得上寬下窄，使字的結構看起來更緊實。這與俯仰橫有異曲同工的視覺效果。

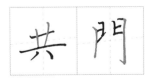

範 字　共 / 門

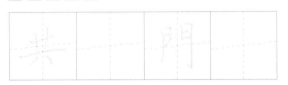

練 習 寫 寫 看

四、撇

正 確 寫 法　斜撇／豎撇／短撇／平撇

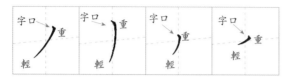

練 習 寫 寫 看

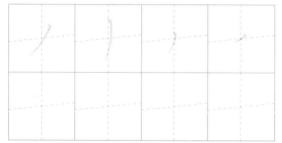

- 書寫要領：撇畫基本的寫法是起筆有字口，收筆要尖。而出現在字中的位置不同，其長度、角度與弧度則不同，大致可以分成「斜撇」、「豎撇」、「短撇」與「平撇」等四種。

- 斜撇與豎撇寫得較長，有一定的弧度，具有裝飾作用，能增加字的美感；短撇與平撇則寫得較短平，彎曲的弧度不可過大，尤其是平撇極短，一般都無弧度。短撇與平撇常與橫畫搭配出現，要寫得短而尖，以凸顯橫畫或其他主筆。

常 見 書 寫 錯 誤

　①起筆沒有字口。

　②字口太大。　　　　　　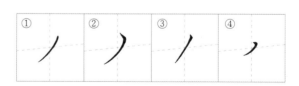

　③斜撇沒有弧度。

　④平撇彎曲像逗點。

範 字　人／月／午／千

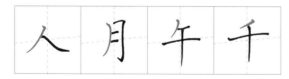

五、捺

斜捺／平捺　　

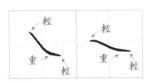 

● 書寫要領：捺畫在字中扮演主筆角色，在字的右下方伸展以平衡整個字的重心，同時具有強烈的裝飾作用。因書寫角度不同，可分成斜捺與平捺兩種。其寫法是輕輕起筆向右下方行，漸行漸重，寫得長而波折，到適當長度後輕輕頓筆，再向右方出鋒提收，尾端要尖，千萬不可向右上方翹起。

　①波折過於僵硬。
　②收筆不尖。
　③收筆向上翹起。

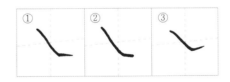

　本／追　　

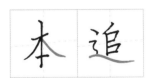 

六、挑

正 確 寫 法　挑　　　　　練 習 寫 寫 看

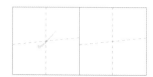

● 書寫要領：挑畫一般寫得較短，其寫法與斜撇相似，只是運筆方向相反。起筆有字口，轉向右上方運筆，收筆出鋒提收，尾端要尖。

常 見 書 寫 錯 誤

①起筆沒有字口。

②字口太大。

③收筆不尖。

④挑出角度太平。

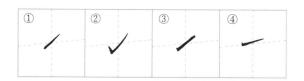

範 字　求 / 找　　　　　練 習 寫 寫 看

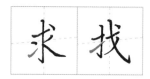

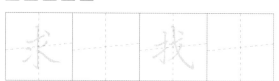

七、折

正 確 寫 法　橫折 / 豎折

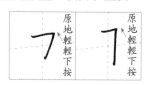

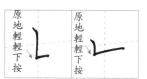

練 習 寫 寫 看

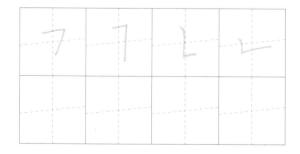

- 書寫要領：折畫大多是由橫畫與豎畫組成，可分成「橫折」與「豎折」。在轉換方向時於停留處稍微頓筆下按，產生方折後再繼續連筆。但要注意頓筆不可過大，以免多出一小段筆畫而顯得怪異，同時也會失去筆畫的堅挺效果。

常見書寫錯誤

①頓筆太大。

②折角太圓。

③折角角度不佳。

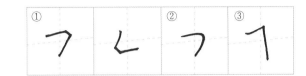

範字　且/血/山/世

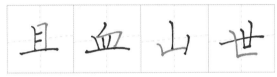

練習寫寫看

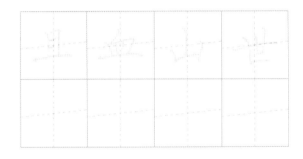

八、鉤

- 書寫要領：鉤的形態很多，有「橫鉤」、「豎鉤」、「橫折鉤」、「豎曲鉤」、「斜鉤」與「臥鉤」等，若在字中出現，總是扮演主筆的角色，其寫法是在鉤出之前要輕輕頓筆再快速鉤出，務必做到短而尖。特別要注意鉤出的角度，角度太大或太小都會影響整個字的美感。

- 橫鉤：（1）橫有弧度。（2）鉤向左下方約45度。（3）鉤要尖，但不可寫太長。

正確寫法　橫鉤　　　　　練習寫寫看

約45度

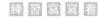

常見書寫錯誤

①頓筆太大。

②鉤出的角度太小。

③鉤出的角度太大。

④鉤出的長度太長。

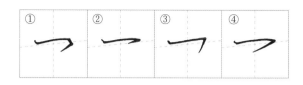

範字 客

練習寫寫看

●豎鉤：（1）起筆有字口。（2）鉤向左上方約45度。（3）鉤要尖，但不可寫太長。

正確寫法 豎鉤

練習寫寫看

常見書寫錯誤

①頓筆太大。

②鉤出的角度太小。

③鉤出的角度太大。

④鉤出的長度太長。

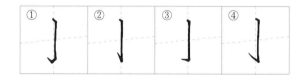

範字 小

練習寫寫看

●橫折鉤：（1）折角有兩種角度。（2）在轉換方向時於停留處稍微頓筆下按，再轉向下

行筆。（3）鉤向左上方約45度。（4）鉤要尖，但不可寫太長。

正確寫法 橫折鉤

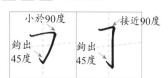

練習寫寫看

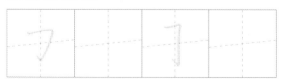

常見書寫錯誤

①頓筆太大。

②鉤出的角度太小。

③鉤出的角度太大。

④鉤出的長度太長。

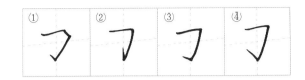

範字　卻／同

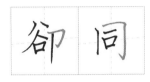

練習寫寫看

●豎曲鉤：（1）起筆有字口。（2）鉤向正上方。（3）鉤要尖，但不可寫太長。（4）轉彎處輕輕提筆，保持圓轉。

正確寫法　豎曲鉤

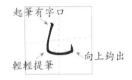

練習寫寫看

常見書寫錯誤

①字口太大。　　　　　④鉤出的角度太大。

②轉彎處太方折　　　　⑤鉤出的長度太長。

③鉤出的角度太小。

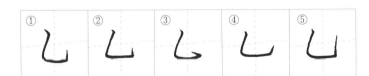

範字　色

練習寫寫看

●斜鉤：（1）起筆有字口。（2）鉤向正上方。（3）鉤要尖，但不可寫太長。（4）筆畫稍有弧度，不可寫得太直或過度彎曲。

正確寫法 斜鉤

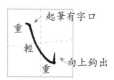

練習寫寫看

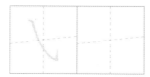

常見書寫錯誤

①字口太大。

②鉤出的角度太小。

③鉤出的角度太大。

④鉤出的長度太長。

⑤彎曲弧度太大。

⑥沒有弧度。

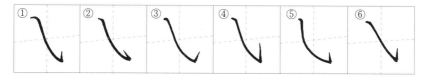

範字 我

練習寫寫看

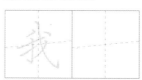

●臥鉤：（1）弧度較圓，不可寫成豎曲鉤。（2）鉤向左上方。（3）鉤要尖，但不可寫太長。（4）最低點位置在鉤出前的一小段處（如圖示）。

正確寫法 臥鉤

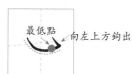

練習寫寫看

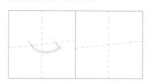

常見書寫錯誤

①彎曲太方折。

②鉤出的角度錯誤。

③鉤出的位置不佳。

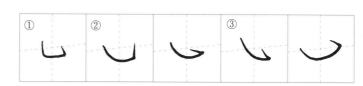

範字 心

練習寫寫看

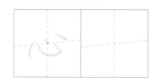

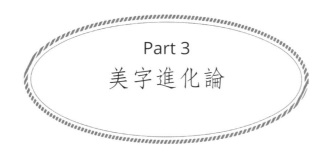

Part 3
美字進化論

　　究竟要如何寫字才能讓字看起來好看？這個問題一直是許多自認為寫字不好看的人所關心的課題。字跡美不美，當然因每個人的審美標準不同，而有看法上的分歧。然而，那些普遍看起來優美的字，能被多數人認同的美字，必然有其共同的特徵。這些共同的特徵，我們可以從古代經過歷史汰選後留下的偉大書跡中獲得印證。

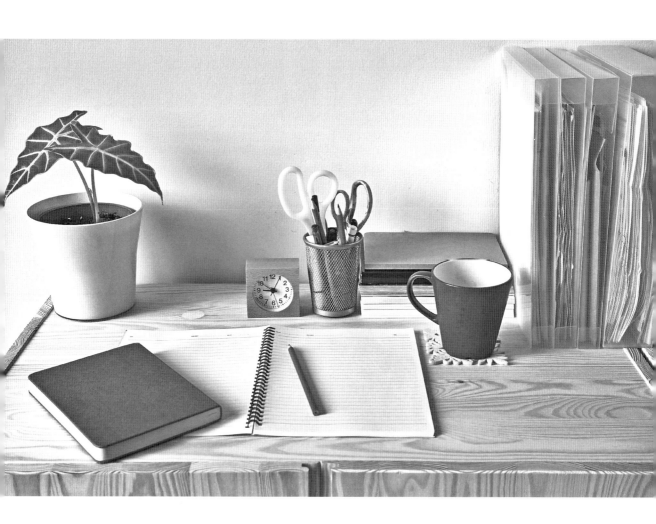

用硬筆書寫優美的楷書並不難，只要能將基本的組字規則融會貫通，並反覆練習，終究可以熟能生巧，而不假思索地運用自如。歷代書法家對於如何掌握字的結構有許多論述，留下了不少的理論。但許多關於楷書結構上的說明，過於抽象而難以理解，甚至有些組字的規則並不適用於硬筆書法上。那麼，硬筆楷書的組字規則為何？這裡簡單列出五項，如果能在一個字中掌握這些結構要點，那麼寫出來的字就具備一定的審美要求了。

一、均間為基礎：筆畫空間要分布均勻

這是最基本的楷書結構要點，在書法上稱為「均間」，也就是從視覺上目測每個字的筆畫所切割出來的空間要均勻。因為是「目測」，所以就要訓練自己的眼睛，能平均分配每個筆畫間的距離。

均間是大多數人都能掌握的寫字技能，只是偶爾會不小心忽略，或者下筆太急而導致空間處理上有瑕疵。然而，只要寫字時做到均間的組字原則，基本上已是及格的了。我們可以打個比方，一個字就像一道菜餚，構成字的筆畫就像是基本材料，我們只要放進鍋裡翻炒熟了起鍋，大概就能下肚，就算沒有調味也能入口。也就是說，只要一個字的筆畫都在正確位置上，筆畫間的距離平均分配在格子之中，就已經具備了第一個結構要素。即使這個字沒有特別優美，也已經是大家眼中所謂「工整」或「端正」的字了。

【有均間 vs. 沒均間】

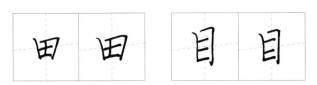

剛開始要修正自己的寫字習慣時，可先從基本的筆畫均間原則去留意。以下是國字的四種基本均間範例：

● 點畫均間

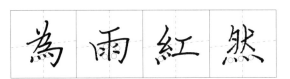

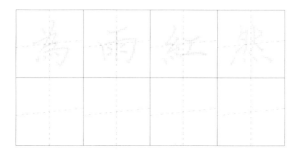

● 橫畫均間

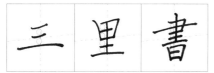

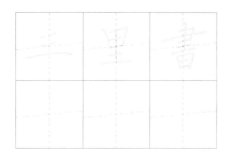

● 豎畫均間

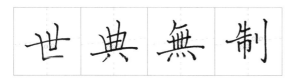

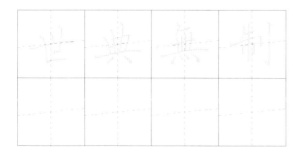

● 撇畫均間

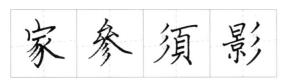

練 習 寫 寫 看

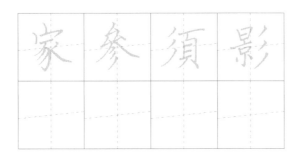

　　當然，國字的結構有時十分複雜，許多字中各種筆畫互相搭配，絕非只有一種筆畫均間，大多是各種筆畫之間彼此保持均間，才能讓字呈現最完美的組合。

● 多重均間

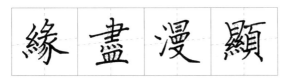

練 習 寫 寫 看

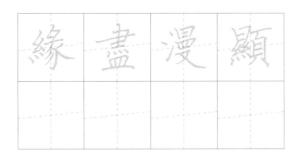

二、主次須有別：凸顯主筆，以創造美感

　　我們日常所見的電腦印刷字有標楷體、細明體等，其特徵之一便是結構整齊，上下左右四邊的筆畫皆切齊，以呈現每字大小一致，在書面打字上看起來每個字都方方正正。而這樣

的方正字形卻讓想寫美字的你，養成了難以挽救的錯誤書寫習慣。讓我們比較電腦字與手寫字的造形，就能清楚發現其中的差異。

【電腦印刷字 vs. 手寫字】

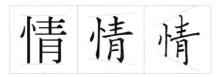

這個結構法則非常重要，卻也是大多數人在書寫上最欠缺的組字觀念。當我們長時間受到標楷字結構方正的影響，容易養成字形趨於整齊的寫字習慣，導致筆畫的安排沒有長短、主次之分，無法寫出具有美感的字。所謂主要筆畫就是一個字中寫得相對較長的筆畫或由幾個筆畫組成的部件（如「然」字的「灬」），簡單稱之為主筆或主畫，而字中相對短的次要筆畫就稱為次筆或次畫。除了少數如「口」、「田」、「目」等字沒有明顯可伸展的主筆外，大多數的字都會有明顯的主筆。

● 沒有明顯的主筆　練習寫寫看

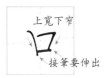
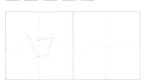

口形的字沒有明顯的主筆可以伸展，只有在接筆的地方稍微伸出，以增加字的美感。因為國字中有許多帶有口形的字，因此若能掌握其上寬下窄的造形，就能大大減少結構方正呆板的情形。當然，這「上寬下窄」的角度拿捏須要多練習才能熟練。

字中的主筆就像是戲劇中的主角，是觀眾注目的焦點，也是一齣戲的靈魂所在。當然劇中可能有第一男主角、第一女主角，還有第二男主角與第二女主角，但絕不可能大家都是主角。一齣動人的戲劇，內容上總要有足夠的張力才能扣人心弦，而主配角各自發揮其性格特點，才能成就整齣戲的完美。因此，字中主筆的伸展與次筆的收縮是美字不可或缺的要素。

掌握主要筆畫的伸展有一個基本原則，就是「同一個方向只能有一個伸長的主筆」，其他同方向的筆畫要相對縮短，這樣才能凸顯主筆的長度，而表現出一個字獨特的造形。下面用一個簡單的圖示加以說明。

● 字中一個主筆　練習寫寫看

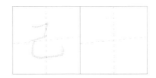

「己」字有主筆豎曲鉤向右下方伸展，因此右上方區塊的筆畫要相對收斂，才能使豎曲鉤明顯伸展。

● 字中兩個以上主筆

練習寫寫看

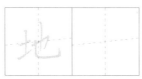

「地」字有三個明顯的主筆。左方為挑，上方為豎，右下方則為豎曲鉤。

那麼，要如何才知道寫出來的字有沒有主筆呢？最簡單的方法，就是將字的外圍輪廓線畫出來，如果是多邊形，表示這個字的主筆已有伸展；相反的，如果是接近方形，則這個字應該就沒有主筆，或是主筆的伸展不明顯。寫字時若能經常思考主筆與次筆的位置，相信書寫的能力將大為精進。

● 主筆已伸展

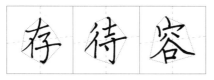

【有伸展 vs. 無伸展】

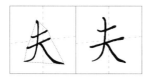

從上面的比較中，我們可以發現：伸展主筆能使一個字的美感大大的加分，就好像在菜餚中加入適量的鹽或醬油，感覺更美味可口了。

三、字勢不可少：建立橫平豎直的正確觀念

橫畫與豎畫在字中出現的頻率很高，而許多人普遍存在橫畫要寫成水平線，豎畫則要寫成垂直線的觀念。不過這種觀念卻是造成字形平正呆板的主因。我們可以在古代書法中發現橫畫多有左低右高的傾斜之勢，而豎畫也經常是有些傾斜角度的，尤其橫畫的斜勢能使整個字看起來精神奕奕，活潑有神采。因此，「橫平」是指橫畫要寫得平穩，而非水平；「豎直」則是豎畫要寫得直挺，而非垂直。這才是真正橫平豎直的意思。

我們從古代一些書法理論中也能獲得印證。其中最有名的是唐代孫過庭《書譜》中的一段：

至如初學分布，但求平正；既知平正，務追險絕；既能險絕，復歸平正。初謂未及，中則過之，後乃通會。通會之際，人書俱老。

簡單來說就是學習結構布局先要能將筆畫寫得端正，然後則要學習創造「字勢」，再透過筆畫的伸展或角度的變化，將創造出來的斜勢加以平衡，最後完成一個字的「平正」。而此時的「平正」已是充滿姿態、富於變化後的平正，具備了美的條件，容易使人一看就覺得優美，覺得特別。

【正確的橫平豎直觀念】

- 橫平：指的是橫畫應求平穩。
- 豎直：指的是豎畫要求直挺。
- 只有一種情況，豎畫必須寫得垂直：一個字只有一個豎畫出現在字的中間時，豎畫必須寫得垂直外，大多數的豎畫都稍有角度變化，以避免結構呆板。

【唐代歐陽詢的楷書 vs. 硬筆書法】

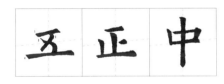

唐代歐陽詢的楷書

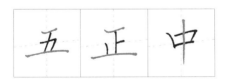

硬筆書法

你或許會有疑問，為什麼橫畫一定要寫成左低右高的傾斜？怎麼不寫成左高右低呢？這與國字書寫的筆順有很大的關係。因為國字的筆順基本上是從左寫到右，從上寫到下的。因此，從下面的九宮格看來，大多數國字最後一筆畫會在第5、6兩區塊，所以出現在上方與左方區塊的筆畫可以有左低右高的傾斜，再利用最後的一、二個筆畫加以平衡。

筆順方向：由左向右

1	2	3
8	中宮	4
7	6	5

由上向下

範字　笑

練習寫寫看

當我們開始寫一個字時，「造勢」的念頭就要開始啓動。左右組合字的左半部先寫，因此在左偏旁的橫畫通常要有一定的斜度，先將「勢」造出來，以便最後幾畫的平衡。相同的，上下組合字的上半部先寫，因此上半部的橫畫一定要有足夠的斜勢，以便下半部啓動平衡機制。

尤其可以注意，當我們知道這個字最後會出現強有力可供平衡的筆畫，如捺畫、斜鈎、豎曲鈎等，能夠向右下方伸展的較長筆畫，就應當更大膽的創造斜勢，才能獲得更穩定的平衡。下面以圖示說明會更清楚。

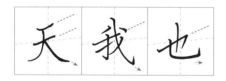

練習寫寫看

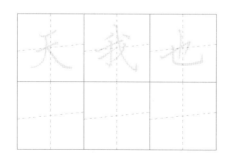

寫字就像醫院裡的心電圖，一個字能有斜勢，又能伸展主筆，基本上已是非常優美，且充滿生命力了，大概像心電圖中折線劇烈起伏之處。而大部分不了解結構要點的人，容易將

寫字變成是在「畫字」，橫平豎直，字形方正，只是將字的筆畫位置正確地放進格子裡，而不管這些筆畫是否有生命，宛如心電圖中心臟停止跳動時的一條水平線。

【傾斜 vs. 水平】

● 從古代的毛筆楷書中發現，捺畫與斜鉤出現時，上面的橫畫都特別斜向右上方，以形成最美的平衡。

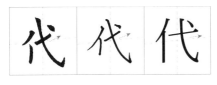

毛筆字　　硬筆字　　電腦字

我們可以透過較佳的組字方式，讓一個字變得生機勃勃，容光煥發。如果在均間又有主筆的字中，還能創造優美的字勢，那肯定是在菜餚中放入了糖或醋，味道更多層次了。

四、避讓與穿插：使結構更加緊密的方式

國字中絕大多數都是合體字，也就是兩個以上的部件組成的字，如左右組合字「林」、「城」，上下組合字「花」、「雲」等字都是。這些字在組合時要注意調整部件中某些筆畫的長短或角度，也就是毛筆書法上所稱的「避讓」。因為有避讓出來的空間，才能使其他部件的筆畫適當「穿插」，讓整個字的結構變得更緊密。

範字　林／城／花／雲

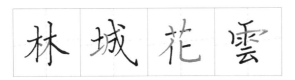

練習寫寫看

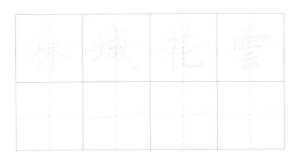

【有避讓 vs. 無避讓】

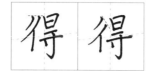

　　寫字時能掌握避讓與穿插的方法，就彷彿已經擁有多層次味道的菜餚，透過火候的控制，將美味鎖住，脣齒留香。

五、脈絡宜分明：筆勢在空中連貫映帶

　　一個字的筆畫按照筆順行進，要讓字的感覺看起來流暢靈巧，必須使兩個筆畫之間在空中行筆時，筆意互相連貫。這時，適當的控制提按的變化就顯得相當重要。這個結構要點對於初學者比較困難，必須經過一段時間的練習，對於運筆的控制較熟練後，再慢慢體會。不過，這是進入行書練習的必要過程。行筆的速度與提按變化，能使筆畫產生各種不同的姿態。一字之中若都以相同的速度行筆，則筆畫會缺少俐落感，顯得不夠活潑；若以相同的力度行筆，則筆畫會缺少立體感，顯得沒有精神。

【筆勢映帶 vs. 無映帶】

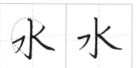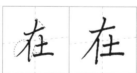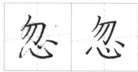

練 習 寫 寫 看

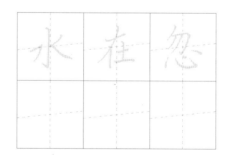

　　一個字已經能掌握前面四個結構要點，又能使筆意連貫呼應，無疑是錦上添花地放上一些蔥花或辣椒裝飾擺盤，真可謂色香味俱全了。

　　以上五個硬筆楷書結構要點，若能融會貫通並勤加練習，書寫能力就會快速提升了。

斜十字格與斜四線格

　　傳統練習寫毛筆字多以九宮格或米字格做為輔助習字的工具，而硬筆書法運用毛筆書法的組字觀念，因此寫字格可以幫助練字時更有效地掌握筆畫的位置。

　　毛筆字與硬筆字在書寫的表現上有其共通點，也有各自不同的表現特色。其中之一是因為書寫工具不同，而產生的差異。毛筆字可以寫大字，展現雄強巨大的氣魄，而硬筆字則以小巧精美取勝。因此寫毛筆字時，字格採用較多的定位輔助格線，以便習字時能更精準掌握筆畫的位置。反觀硬筆字的字跡較小，筆畫的線條距離短，在小小的方格中，每個筆畫的間距不大，若格中出現太多輔助線，不但對下筆位置的掌握幫助不大，甚至會造成不必要的干擾。

　　有鑑於此，筆者根據多年教學的實務經驗，發展出較有利於練字的字格，能更有效地幫助學習者掌握字形架構，在短時間內改善書寫的習慣。以下簡單說明本書兩種字格設計的特色與定位點的功能。

斜十字格

　　使用於獨體字、上下組合字、上中下三拼字、半包圍字、全包圍字、三疊字與複雜字。字格分成四個區塊，格中只有兩條虛線提供筆畫落筆位置與書寫長度的參照，可避免過多虛線造成的視覺干擾。

1	2
3	4

● 1～4分別是左上、右上、左下、右下，可做為筆畫下筆位置的參照。

● 書寫時應留意每個筆畫落筆的點，判斷是在哪一個區塊裡。

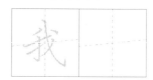

- 斜鉤起筆的位置在「1」。

- 最後一撇從「2」的區塊起筆。

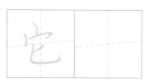

- 第一筆的位置在「1」，完全沒有碰到虛線。

- 「宀」在上半部。

- 撇畫多在「3」這個區塊裡。

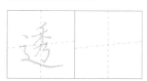

- 撇畫起筆的位置在「2」。

- 「秀」字在中線偏右一點的位置。

- 「辶」的點在「1」，其餘在「3」與「4」。

　　中間的橫線傾斜約6度。根據研究統計，古代各家楷書中，橫畫向右上方傾斜的角度多為5至7度。橫畫出現在字的上半部時，傾斜的角度較大，寫到字的下半部時，為了讓整個字能達到平正的狀態，則橫畫的傾斜度就減少，而扮演起平衡重心的角色。因此，中間的斜虛線以6度設計。

　　此斜虛線主要作用是引導讀者書寫時橫畫向右上方斜的書寫習慣，以創造出字的斜勢，讓整個字不會顯得過於平正呆板，具有牽引的作用。即使沒有特別強調筆畫傾斜之勢，也能在書寫時自然而然發揮提醒的作用。

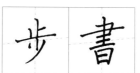
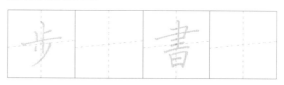

使用於左右組合字與左中右三拼字。字格中間有四條虛線，將格子切割成八個區塊。中間橫線同樣是斜虛線，其作用與斜十字格相同。而三條垂直虛線將格子分成1～4個長方形區塊，主要目的是用來幫助寫左右組合字與左中右三拼字時，掌握下筆的位置以及培養凸顯主筆向左右伸展的書寫習慣。

- 格子中的「1」、「4」上下四個區塊是主筆伸展的位置。
- 格子中的「2」、「3」區塊是字的主體部分，大部分的筆畫都要集中於此。

許多人寫字最缺乏主筆伸展的觀念，同時也是造成中宮鬆弛的主因。而國字之中絕大多數都是左右組合字，因此特別以這種字格的設計，來幫助練字時能緊收中宮，伸展主筆。

範字　記　　　　　練習寫寫看

- 長橫與豎曲鉤分別是向左右伸展的主要筆畫，因此其他筆畫要相對縮短，集中在「2」、「3」兩區塊。

範字　辦　　　　　練習寫寫看

- 「力」寫在中間虛線上，兩個「辛」緊靠兩側，中宮緊收。

還需注意禁止進入的地雷區。「地雷區」是危險區塊的代名詞，也就是禁止筆畫伸入的位置。由於主筆伸展的原則是「同一個方向只能出現一個主筆」，因此若字的右下方出現長筆畫，如捺、斜鉤、豎曲鉤、長橫等，則斜四線格的右上方就是地雷區，任何筆畫應禁止進入，否則將破壞字的美感，如「院」、「散」等字。

範字 院／散　　　練習寫寫看

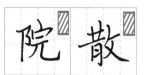 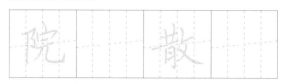

有少數一些字的主筆在右上方，則地雷區換成了右下方，如「候」、「孩」等字。

範字 候／孩　　　練習寫寫看

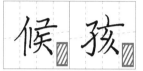 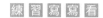 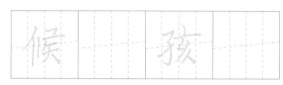

地雷區其實就是將字的次要筆畫縮短，以凸顯主要筆畫的設計。這種方式可運用在任何結構的字，只是在左右組合字中特別容易區分。

定位點

定位點的設計主要是標示第一個筆畫的起筆位置，幫助掌握字的大小與筆畫的相對位置。練習的步驟採漸進方式，先描紅三次，以熟悉字形結構，接著以定位點起筆，一筆一畫參照範字臨寫，下方的空格則自行觀察下筆位置練習。

範字 光　　　練習寫寫看

 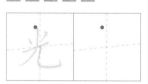

斜十字格與斜四線格不僅能幫助我們將字中的點畫寫得規範，合乎要求，而且能幫助我們安排好字的間架結構，把握好字的重心，對於練字產生極佳的輔助效能。

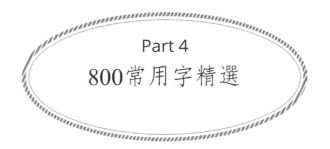

Part 4
800常用字精選

本書希望透過書寫800個常用字，讓讀者熟悉硬筆書法的書寫技巧，在練字的過程中改變書寫的習慣，也同時體會書寫的美好。

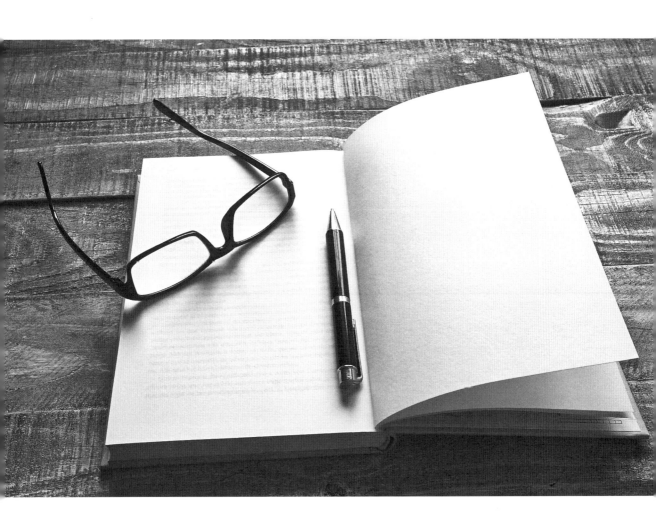

800常用字帖範字結構標示記號說明：

1. 實線箭頭「→」表示主筆伸展，如「可」

2. 虛線箭頭「⋯→」表示筆畫的角度，如「至」

3. 空心圓圈「○」表示均間或保持兩筆畫適當距離，如「目」、「而」

4. 實心圓圈「●」表示保留出適當空間，如「卻」、「野」

5. 弧形虛線「⌣」表示筆畫的相對高度或長短比例，如「水」、「土」

6. 直虛線「----」表示字形的角度或筆畫相對的位置，如「只」、「出」

※為避免標示記號過於複雜，部分範字僅標示較重要的結構要點。

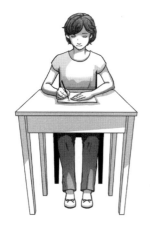

獨體字

獨體字是指由單一部件組成的字，如「女」、「五」、「生」等；或是筆畫較少，且結構組合上不易歸類者，如「坐」、「非」、「爲」、「看」等字。其字架結構各有特色，基本原則是「內緊外鬆」，做到中宮收斂而主筆伸展。

一	二	三	十	工	土	士	上	止	正
一	二	三	十	工	土	士	上	止	正
一	二	三	十	工	土	士	上	止	正
一	二	三	十	工	土	士	上	止	正
一	二	三	十	工	土	士	上	止	正

重點提醒

1. 俯仰橫：當字中出現橫畫重疊時，上橫較短且略向右上方斜，下橫較長且稍
   有弧度，收筆略向右下方按。　二 ←仰橫
   　　　　　　　　　　　　　　　　　←俯橫

2. 長橫為主筆時，要明顯伸長，且要有弧度，末端略向右下方按，以平衡整個
   字的重心。

下	主	五	且	口	中	回	言	日	目
下	主	五	且	口	中	回	言	日	目

重點提醒

1. 口形：上寬下窄，接筆要伸出，以免顯得呆板。　口　接筆伸出

2. 口形內的橫畫要「連左不連右」，同時保持均間。　目　輕按

3. 橫折處要稍微停駐輕按後再向下折，不宜寫得太圓。

由	車	早	里	七	四	山	世	出	互
由	車	早	里	七	四	山	世	出	互
由	車	早	里	七	四	山	世	出	互
由	車	早	里	七	四	山	世	出	互
由	車	早	里	七	四	山	世	出	互

重點提醒

1. 轉與折：豎彎較圓轉，豎折較方折，差別是轉換方向時的提按。提則圓轉，按則方折。

轉⇨ 七 四　　　折⇨ 世 出

2. 豎的變化：當字中出現兩個以上的豎畫時，宜使各豎畫有不同角度。

白	自	血	千	重	直	午	生	年	不
白	自	血	千	重	直	午	生	年	不

重點提醒

1. 強調主筆：要凸顯主筆必須將次筆縮短，使主筆清晰可見。

　　　　　　　　　　因為橫折縮小了，長橫就能顯得伸展。 血

2. 長橫上方的撇畫為平撇：平撇短而平，要注意書寫的角度。

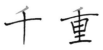

少	片	人	八	入	文	父	交	又	久
少	片	人	八	入	文	父	交	又	久
少	片	人	八	入	文	父	交	又	久
少	片	人	八	入	文	父	交	又	久
少	片	人	八	入	文	父	交	又	久

重點提醒

1. 撇與捺搭配出現時，分別為主筆，向左右伸展。

2. 字中出現撇與捺交叉時，捺須從撇畫中段偏上的位置穿過。

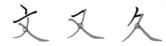

支	及	反	之	走	是	以	去	至	公
支	及	反	之	走	是	以	去	至	公

重點提醒

1. 「之」的寫法：「之」的第二筆畫所夾的角度不可太大。　夾角小 *之*

2. 撇挑或撇折不宜寫太大：字中出現撇挑或撇折時，常搭配其他長筆畫，因此不可寫得太大。

去　至　公

才	可	事	了	子	手	力	方	向	南
才	可	事	了	子	手	力	方	向	南
才	可	事	了	子	手	力	方	向	南
才	可	事	了	子	手	力	方	向	南
才	可	事	了	子	手	力	方	向	南

重點提醒

1. 「子」字的主筆是橫畫與彎鉤，因此「ㄱ」不可寫太大，
   以免影響橫畫伸展；長橫要靠近彎鉤上方，以凸顯橫畫。

子

長橫不可寫太低

2. 「力」、「方」二字鉤出的位置
   在格子中間的虛線上。

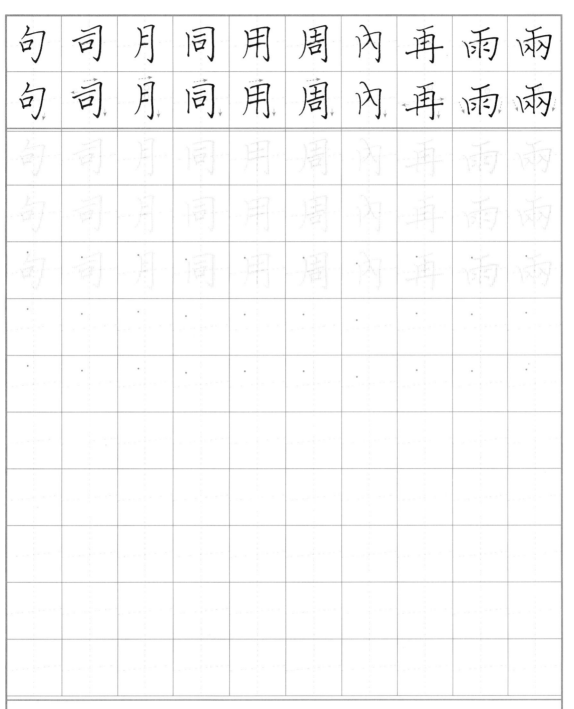

重點提醒

1. 較長的橫折鉤折角約90度，向下運筆寫鉤時，可稍微有弧度。

2. 橫與橫折鉤搭配出現時，宜保持適當的距離。

月　內

有弧度

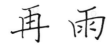

再　雨

角	身	式	成	我	或	民	己	已	也
角	身	式	成	我	或	民	己	已	也
角	身	式	成	我	或	民	己	已	也
角	身	式	成	我	或	民	己	已	也
角	身	式	成	我	或	民	己	已	也

重點提醒

1. 斜鉤為主筆的字，橫畫右方宜縮，
   且向右上方的斜度要大一些。

2. 豎曲鉤為主筆時，字的重心要向左方移，
   以凸顯鉤的長度。

色	包	九	元	尤	先	光	充	克	見
色	包	九	元	尤	先	光	充	克	見

重點提醒

1. 「九」字撇與橫曲鉤的距離不可太大，以免中宮鬆弛。
　　①筆順：先寫撇，再寫橫曲鉤。
　　②中宮宜緊

2. 豎曲鉤上方橫畫的右側不可寫得太長，
　　以凸顯鉤的長度。

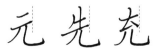

兒	兔	死	心	必	並	平	立	乎	半
兒	兔	死	心	必	並	平	立	乎	半
兒	兔	死	心	必	並	平	立	乎	半
兒	兔	死	心	必	並	平	立	乎	半
兒	兔	死	心	必	並	平	立	乎	半

重點提醒

1. 「心」字呈三角形：「心」字三點排列成一斜線，其中最後一點位置要寫得最高。

2. 相向點的左點低，右點高，兩點應互相呼應。

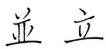

火	尚	小	示	只	其	真	共	具	典
火	尚	小	示	只	其	真	共	具	典

重點提醒

1. 「小」字兩點約在豎鉤中段偏下的位置。　小

2. 相背點兩點起筆的位置，約與上方兩豎畫對齊。

只 其 共

與 興 在 存 友 布 有 希 石 看
與 興 在 存 友 布 有 希 石 看

與 興 在 存 友 布 有 希 石 看
與 興 在 存 友 布 有 希 石 看
與 興 在 存 友 布 有 希 石 看

重點提醒

1. 橫與撇交叉時，主筆只能二選一。當右下方出現向右伸展的主筆時，橫畫就
要縮短；相反的，如果右下方沒有向右伸展的主筆，則橫畫伸展爲主筆。

在 存 友　　　布 有 看

百	面	而	西	大	太	天	夫	失	史
百	面	而	西	大	太	天	夫	失	史

重點提醒

1. 橫與橫折或橫折鉤中間要保持適當的距離，因此，撇畫不可寫得太平。 百 而

2. 橫與撇捺搭配時，橫畫上方的撇畫要寫得直一些。

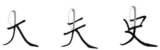

大 夫 史

更	木	未	本	束	東	來	水	永	求
更	木	未	本	束	東	來	水	永	求
更	木	未	本	束	東	來	水	永	求
更	木	未	本	束	東	來	水	永	求
更	木	未	本	束	東	來	水	永	求

重點提醒

1. 豎或豎鉤與撇捺互相搭配時，撇捺不可寫得太低。　木 束 來

2. 「水」字的「乛」與豎鉤分開，且寫得稍低。右方的撇與捺則與豎鉤相連，
　　寫得較高。　　水 永

承	衣	表	良	長	女	母	每	乃	馬
承	衣	表	良	長	女	母	每	乃	馬

重點提醒

1. 豎挑與撇捺搭配時，撇捺要寫得高一些。　衣　良　長

2. 「女」字中間的空間不宜太大。　女

3. 「馬」字的四點要靠近橫折鉤上方的橫畫，以凸顯主筆鉤。　馬

爲	非	北	亞	坐				
爲	非	北	亞	坐				
爲	非	北	亞	坐				
爲	非	北	亞	坐				
爲	非	北	亞	坐				

重點提醒

1. 「爲」字的橫折不可寫太寬，以凸顯主筆橫折鈎。

2. 「亞」字要注意筆畫的角度，同時留意均間。

3. 「坐」字的「人」不宜寫得太高，以免影響豎畫的伸展。

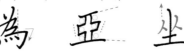

左右組合字

左右組合字在國字中的數量最多，也是許多部件要巧妙安排「避讓」與「穿插」的結構。為使讀者更容易養成緊收中宮、伸展主筆的習慣，字格設計成「斜四線格」，以方便掌握下筆的位置；且主筆伸展的空間能明顯區隔，有利於結構安排。

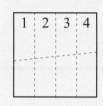

左右部件組合時，左半部件宜有斜勢，同時視右方部件調整位置高低與部件長短，並運用部件中筆畫的「避讓」安排，使右半部件能有效地進行「穿插」的組合。基本原則是「1」、「4」為伸展的區塊，「2」、「3」為主要部件的位置，書寫時可依區塊掌握下筆的點。

任	但	住	位	個	什	件	你	代	作
任	但	住	位	個	什	件	你	代	作
任	但	住	位	個	什	件	你	代	作
任	但	住	位	個	什	件	你	代	作
任	但	住	位	個	什	件	你	代	作

重點提醒

1. 「亻」的豎畫接在撇畫偏上的位置，
   且豎畫要寫成垂露豎。

   イ ←垂露豎

2. 「亻」的右半部件沒有上下伸展的筆畫時，「亻」寫得長一點；若右半部件
   有上下伸展的筆畫時，則「亻」寫得短一些。

   但　　件

低	份	係	停	像	傳	傷	備	化	他
低	份	係	停	像	傳	傷	備	化	他

重點提醒

1.「像」、「傷」二字下方的撇畫宜保持均間，「像」字的捺向右下方伸展，但不宜低於彎鉤；「傷」字的長橫向右伸展，橫折鉤則不宜寫得太寬。

2.「化」、「他」二字的右半部有豎曲鉤，因此可將「亻」寫得低一些，形成左低右高的結構。「他」字的橫鉤要注意不可寫得太長。

他

信	依	供	使	值	僅	何	保	仍	便
信	依	供	使	值	僅	何	保	仍	便
信	依	供	使	值	僅	何	保	仍	便
信	依	供	使	值	僅	何	保	仍	便
信	依	供	使	值	僅	何	保	仍	便

重點提醒

1. 「依」、「使」、「便」等字中有捺畫，因此字的重心要向左移。
2. 「何」、「仍」等字的右上方沒有豎畫可伸展，因此組合時可寫成左高右低。

何　仍

價	修	條	候	似	做	例	倒	們	假
價	修	條	候	似	做	例	倒	們	假
價	修	條	候	似	做	例	倒	們	假
價	修	條	候	似	做	例	倒	們	假
價	修	條	候	似	做	例	倒	們	假

重點提醒

1. 「修」、「條」、「候」的第三筆豎畫不宜寫太短，以利空間的平衡。

2. 「做」字中間的「古」字稍寫高一些，以利「攵」的撇畫進行穿插。

做

穿插

往 待 律 後 復 從 德 行 很 得

往 待 律 後 復 從 德 行 很 得

往 待 律 後 復 從 德 行 很 得

往 待 律 後 復 從 德 行 很 得

往 待 律 後 復 從 德 行 很 得

重點提醒

1. 「彳」的兩撇畫起筆的位置要上下垂直對齊。　

2. 「行」、「很」、「得」三個字的「彳」都寫得高一些，
　　以利右半部件向下伸展。

術	街	衝	微	相	極	林	樣	權	機
術	街	衝	微	相	極	林	樣	權	機
術	街	衝	微	相	極	林	樣	權	機
術	街	衝	微	相	極	林	樣	權	機
術	街	衝	微	相	極	林	樣	權	機

重點提醒

1. 左中右三拼字中間有可向上伸展的筆畫，則可寫高一些，
   以表現上方的主筆，又有利右方部件的穿插。

2. 「木」在左半部時，要將捺改成點，避讓出空間給右半部件穿插。

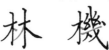

73

構	格	模	校	樓	根	標	樹	私	和
構	格	模	校	樓	根	標	樹	私	和
構	格	模	校	樓	根	標	樹	私	和
構	格	模	校	樓	根	標	樹	私	和
構	格	模	校	樓	根	標	樹	私	和

重點提醒

1.「木」的右半部件出現長橫或捺為主筆，「木」會略偏左一些。

2.「樹」字右半部的豎鉤宜靠近中宮，以凸顯橫畫伸展。

3.「禾」的撇要寫得短而平。橫畫向左伸展為主筆，右點不宜寫得太大。

程	科	移	稱	積	種	料	精	拉	把
程	科	移	稱	積	種	料	精	拉	把

重點提醒

1.「禾」的右方有上下伸展的部件時，則「禾」寫在左半部中間，不可太長。

2.「米」的四點要保持均間，並互相呼應。

3.「才」的挑筆不可寫太低，且不可挑出太長。

抗	握	投	提	掉	持	找	採	據	排
抗	握	投	提	掉	持	找	採	據	排
抗	握	投	提	掉	持	找	採	據	排
抗	握	投	提	掉	持	找	採	據	排
抗	握	投	提	掉	持	找	採	據	排

重點提醒

1. 「扌」的右半部沒有上下伸展的筆畫時，
   「扌」可寫得長一些。

2. 「扌」的右半部有上下伸展的筆畫時，
   「扌」要寫在左半部中間，且不可太長。

握　提
掉　找

探	折	打	擔	接	換	技	指	抱	擁
探	折	打	擔	接	換	技	指	抱	擁
探	折	打	擔	接	換	技	指	抱	擁
探	折	打	擔	接	換	技	指	抱	擁
探	折	打	擔	接	換	技	指	抱	擁

重點提醒

1. 「換」字的最後一點不可寫得太長，以免影響橫畫的伸展。

2. 「擔」字中間的橫畫宜伸展，要明顯寫長一些。

3. 「打」、「折」、「探」、「擇」等字都要寫得左高右低。

擔

擇	物	特	孩	獲	獨	怕	情	懷	性
擇	物	特	孩	獲	獨	怕	情	懷	性
擇	物	特	孩	獲	獨	怕	情	懷	性
擇	物	特	孩	獲	獨	怕	情	懷	性
擇	物	特	孩	獲	獨	怕	情	懷	性

重點提醒

1. 「牛」、「子」等部件同樣都要斜挑向右上方，但不可伸出太長。

2. 「犭」的彎鉤不可寫得太彎。第二撇也不可寫得太低。

3. 「忄」的右點較左點高，且與豎畫相連。豎畫要寫成垂露豎。

快	社	福	視	神	初	裡	被	叫	味
快	社	福	視	神	初	裡	被	叫	味
快	社	福	視	神	初	裡	被	叫	味
快	社	福	視	神	初	裡	被	叫	味
快	社	福	視	神	初	裡	被	叫	味

重點提醒

1. 「礻」的豎畫要對齊上點，並寫成垂露豎。

2. 「礻」的兩點不可寫得太大，且要保持均間。

3. 「口」在左半部時要寫得略高一些，並要寫成上寬下窄的梯形。

呼	吧	吃	呢	嗎	啊	破	確	研	暗
呼	吧	吃	呢	嗎	啊	破	確	研	暗
呼	吧	吃	呢	嗎	啊	破	確	研	暗
呼	吧	吃	呢	嗎	啊	破	確	研	暗
呼	吧	吃	呢	嗎	啊	破	確	研	暗

重點提醒

1. 「嗎」的四點要寫得高一些，靠近中宮，以凸顯橫折鉤。
2. 「石」在左半部要寫得稍高一些，「口」不宜寫得太大。
3. 「日」在左半部不可寫得太大，內部要保持均間。

時	明	晚	眼	的	脫	臉	腳	期	朝
時	明	晚	眼	的	脫	臉	腳	期	朝

重點提醒

1. 「的」字左右部件分別向內斜，形成上寬下窄的造形。　的

2. 「月」與「月」都寫得瘦長，內部空間要注意是否均間。

月 }均間

←伸展

3. 「月」在右半部可寫成左高右低。

朋	服	報	執	冷	注	況	溫	沒	決
朋	服	報	執	冷	注	況	溫	沒	決
朋	服	報	執	冷	注	況	溫	沒	決
朋	服	報	執	冷	注	況	溫	沒	決
朋	服	報	執	冷	注	況	溫	沒	決

重點提醒

1. 「服」、「報」的右半部「又」不可寫得太低。

2. 「氵」的寫法要注意第三筆挑畫的角度要向右上方，不可寫得太平。

3. 「氵」的第二點稍偏左，三點形成一弧線。

浪　流　消　清　演　漫　濟　滿　海　法

浪　流　消　清　演　漫　濟　滿　海　法

重點提醒

1.「浪」字的下方形成一弧線。　浪

2. 大部分「氵」的字都寫得左短右長。

3.「清」字的右半部有三個主筆，要明顯伸展。

4.「海」字的右半部三橫呈放射狀排列。

波	治	活	深	源	漸	激	潮	灣	地
波	治	活	深	源	漸	激	潮	灣	地
波	治	活	深	源	漸	激	潮	灣	地
波	治	活	深	源	漸	激	潮	灣	地
波	治	活	深	源	漸	激	潮	灣	地

重點提醒

1. 「波」字的橫鉤不可寫太高，以免影響豎畫的伸展。

2. 「灣」字的筆畫較多，書寫時宜將筆畫間的距離縮短，保持均間，同時伸展「弓」。

3. 「𠯑」的筆畫少，在左半部宜寫得較小，並注意挑畫向右上，不可伸出太長。

環	球	現	理	城	均	場	增	境	塊
環	球	現	理	城	均	場	增	境	塊
環	球	現	理	城	均	場	增	境	塊
環	球	現	理	城	均	場	增	境	塊
環	球	現	理	城	均	場	增	境	塊

重點提醒

1. 「塊」字的豎曲鉤要有足夠空間，以免「厶」放入後顯得擁擠。

2. 「城」字的斜鉤要伸展，其他部分宜收縮，要注意斜鉤起筆的位置在左上方的格子裡，且撇畫不可太低。

3. 「王」在左半部時，上方兩橫宜斜向右上方，以產生斜勢。

站	端	利	列	到	別	則	刻	制	創
站	端	利	列	到	別	則	刻	制	創
站	端	利	列	到	別	則	刻	制	創
站	端	利	列	到	別	則	刻	制	創
站	端	利	列	到	別	則	刻	制	創

重點提醒

1. 「立」在左半部要注意最後一筆改為挑。中間兩點宜相互呼應。

2. 右半部為「刂」的字都寫成左短右長。同時要注意豎鉤不宜鉤得太長。

3. 「刂」的短豎與豎鉤要保持適當的距離，以確保整個字的大小合宜。

剛	劇	計	許	該	說	請	談	試	論
剛	劇	計	許	該	說	請	談	試	論
剛	劇	計	許	該	說	請	談	試	論
剛	劇	計	許	該	說	請	談	試	論
剛	劇	計	許	該	說	請	談	試	論

重點提醒

1. 「劇」字左半部的筆畫多，且字形長，因此要將筆畫間的距離拉近，以凸顯「刂」的伸展。

2. 「言」在字的左半部時，應將第一筆橫畫向左伸展，要表現得很明顯。同時兩短橫與「口」對齊上方點，寫得斜斜短短的。

3. 「談」字上方的「火」要寫小一些，尤其將捺改成頓點，以表現下方的主筆捺。

讀	讓	議	講	證	護	記	話	語	認
讀	讓	議	講	證	護	記	話	語	認
讀	讓	議	講	證	護	記	話	語	認
讀	讓	議	講	證	護	記	話	語	認
讀	讓	議	講	證	護	記	話	語	認

重點提醒

1.「議」字的「言」要寫小一些，讓「義」有較大的空間能伸展。

2.「講」字右方的橫畫宜呈放射狀排列。

3. 若右半部沒有向上伸展的筆畫，
　 則「言」可以寫得高一些。

設	訴	評	課	謂	調	識	討	對	紅
設	訴	評	課	謂	調	識	討	對	紅

重點提醒

1. 「訴」字右方的「斥」橫畫向右伸展，因此豎畫宜在橫畫中段偏左的位置下筆。

2. 「寸」在右半部要寫得長一些，中間一點要靠近橫畫，以凸顯豎鉤的伸展。

3. 「糹」的寫法圖示如右：①第二折角略偏右。

　　　　　　　　　　　　②點對齊撇挑的起筆點。

　　　　　　　　　　　　③三點由大至小向右上方排列。

細	結	給	約	統	線	紙	純	終	總
細	結	給	約	統	線	紙	純	終	總
細	結	給	約	統	線	紙	純	終	總
細	結	給	約	統	線	紙	純	終	總
細	結	給	約	統	線	紙	純	終	總

重點提醒

1. 「約」字左右向內斜，形成上寬下窄之勢。

2. 「線」字的「水」宜有足夠空間，因此「白」不可寫太大。

3. 「紙」字的斜鉤為主筆，豎挑與橫畫都不宜寫得太長。

續	緣	繼	組	經	紀	絕	級	陣	除
續	緣	繼	組	經	紀	絕	級	陣	除
續	緣	繼	組	經	紀	絕	級	陣	除
續	緣	繼	組	經	紀	絕	級	陣	除
續	緣	繼	組	經	紀	絕	級	陣	除

重點提醒

1. 「糹」的右半部件無上下伸展的筆畫時，「糹」寫得高一些。　　紀　級

2. 「阝」在左半部的寫法：

　①「阝」耳垂要小。②豎畫爲垂露豎。③「阝」的位置依右半部件而定。

3. 「陣」字右半部有豎畫上下伸展，因此「阝」要縮小寫在左半部中間，形成「左短右長」的結構。

際	限	陽	院	階	陸	隨	那	部	都
際	限	陽	院	階	陸	隨	那	部	都
際	限	陽	院	階	陸	隨	那	部	都
際	限	陽	院	階	陸	隨	那	部	都
際	限	陽	院	階	陸	隨	那	部	都

重點提醒

1. 「院」、「階」、「陸」等字右半部可向上伸出，因此「阝」可寫得稍低，
   形成「左低右高」的結構。

2. 「阝」在右半部的寫法：
   ①「阝」耳垂要大。②豎畫為懸針豎。③這類字都寫成左高右低的結構。

功	加	師	斷	新	斯	所	卻	印	即
功	加	師	斷	新	斯	所	卻	印	即
功	加	師	斷	新	斯	所	卻	印	即
功	加	師	斷	新	斯	所	卻	印	即
功	加	師	斷	新	斯	所	卻	印	即

重點提醒

1. 「卩」在右半部的字都寫成左高右低。

2. 「斤」在右半部的字會伸展橫畫與豎畫。

3. 「斷」字左半部的筆畫多，宜注意均間，並寫得高一點。

助	動	切	故	改	政	效	收	教	散
助	動	切	故	改	政	效	收	教	散
助	動	切	故	改	政	效	收	教	散
助	動	切	故	改	政	效	收	教	散
助	動	切	故	改	政	效	收	教	散

重點提醒

1. 「力」在右半部時，若左半部較長，則寫成「左高右低」的錯落結構。

2. 「攵」的寫法：

　①第一撇向上伸展。②橫畫接在撇畫中段偏下一點的位置。③短橫斜向右上方，不可寫太長。

　④第二撇從短橫中段偏左一點的位置下筆。

　⑤捺畫從第一撇末端向右下運筆，穿過撇畫中段或中段偏上的位置。

數　致　次　歌　歡　放　於　族　施　項

數　致　次　歌　歡　放　於　族　施　項

數　致　次　歌　歡　放　於　族　施　項

數　致　次　歌　歡　放　於　族　施　項

數　致　次　歌　歡　放　於　族　施　項

重點提醒

1. 「致」的右半部為「夂」。

2. 「欠」的寫法與「夂」相似，橫鉤不可太長，捺與撇畫的接筆位置
　 不可太低。

3. 「方」的鉤出點與右點對齊，橫折鉤接在撇畫中段偏上的位置。　方

頭	預	顧	領	願	顯	類	須	形	影
頭	預	顧	領	願	顯	類	須	形	影
頭	預	顧	領	願	顯	類	須	形	影
頭	預	顧	領	願	顯	類	須	形	影
頭	預	顧	領	願	顯	類	須	形	影

重點提醒

1. 「頁」的長橫向右伸展，最後一點向右下頓筆，與橫折相接，中間的橫畫要保持均間，連左不連右。

2. 「彡」的三撇起筆的位置要上下對齊，約成一垂直線。三撇大致平行，最後一撇最長。

彡

推	唯	維	誰	難	雖	離	雜	如	好
推	唯	維	誰	難	雖	離	雜	如	好

重點提醒

1. 「隹」在右半部的字，都是左短右長的結構，因此，豎與長橫分別向下方與右方伸展。

2. 「女」在左半部的寫法：

　①中間的空間不可太大。②橫畫改成挑畫，向左伸展，右方不可挑出太長。

　③撇頓點的「頓點」不可寫太長。

她	始	燈	知	短	缺	路	跟	錯	錢
她	始	燈	知	短	缺	路	跟	錯	錢
她	始	燈	知	短	缺	路	跟	錯	錢
她	始	燈	知	短	缺	路	跟	錯	錢
她	始	燈	知	短	缺	路	跟	錯	錢

重點提醒

1. 「矢」、「缶」的長橫應向左方伸展，右方不可伸出太長。

2. 「足」的最後一橫畫改爲挑，向左伸展。豎畫可稍微左傾，以產生斜勢。

3. 「金」的最後一橫畫亦改爲挑，捺改爲點，撇畫向左下伸展。

矢　缶　足　金

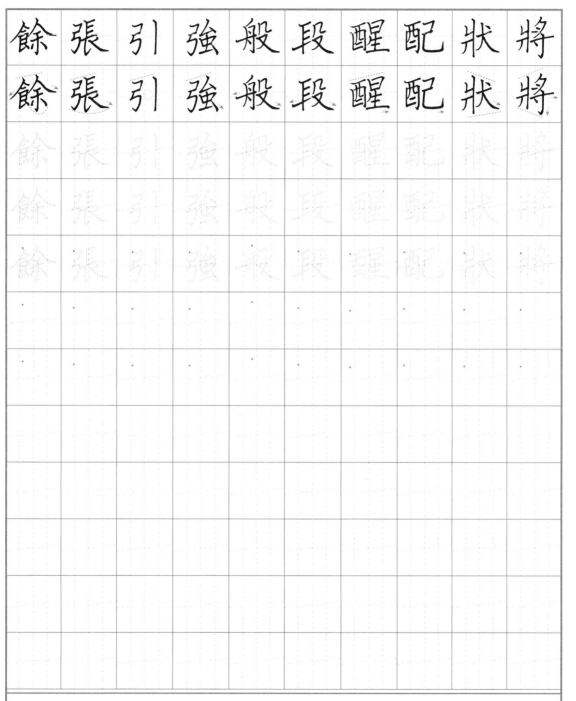

重點提醒

1.「張」字下方形成一曲線，捺不可寫得過低。

2.「殳」的捺要明顯伸展。

3.「爿」的豎畫要寫得直挺。

4.「酉」要保持內部均間。

輕	較	轉	驗	體	取	聯	職	解	規
輕	較	轉	驗	體	取	聯	職	解	規
輕	較	轉	驗	體	取	聯	職	解	規
輕	較	轉	驗	體	取	聯	職	解	規
輕	較	轉	驗	體	取	聯	職	解	規

重點提醒

1. 「車」的橫畫要斜向右上方，豎畫要寫成垂露豎。
　　　　　　　　　　　　　　　　　　　　　　垂露豎

2. 「馬」的四點要斜向右上方，並寫得略靠上方，以凸顯橫折鉤的伸展。馬

3. 「體」、「聯」、「職」等筆畫較多的字，宜注意均間距離相對縮短，以免字寫得過大。

| 親 | 觀 | 此 | 比 | 就 | 點 | 能 | 聽 | 野 | 群 |
| 親 | 觀 | 此 | 比 | 就 | 點 | 能 | 聽 | 野 | 群 |

重點提醒

1. 「親」、「觀」二字的左半部寫得較長，右方的豎曲鉤要明顯伸展。

2. 「點」的四點由大至小向右上方排列。

3. 「聽」字筆畫多，應注意均間的安排。

4. 「野」、「群」二字要寫成「左高右低」的結構。

既	疑	靜	戰	夠	務	亂	外		
既	疑	靜	戰	夠	務	亂	外		
既	疑	靜	戰	夠	務	亂	外		
既	疑	靜	戰	夠	務	亂	外		
既	疑	靜	戰	夠	務	亂	外		

重點提醒

1. 「既」、「疑」二字左半部偏上，以便右半部撇畫能穿插。

2. 「戰」字的「單」要寫得略小，豎畫不可太長，以免影響斜鉤的伸展。
   此外，「戈」的橫畫要斜向右上方，撇畫不可寫得太低。

3. 「亂」字左半部的筆畫多，應注意均間的距離。

上下組合字

上下組合字由上下兩部件拼合而成，字的上方宜先寫出斜勢，以便下方筆畫伸展，加以平衡。其基本原則是「上緊下鬆」，字的上半部多緊實，下半部則運用主筆伸展，將斜勢平衡，同時整個字達到鬆緊合度、主次分明的形態。值得注意的是，許多人的觀念會將字的中心定位在字的正中央位置，但若字中出現捺、斜鉤、豎曲鉤、臥鉤，乃至長橫等向右或右下方伸展的主筆時，往往會將字的重心先向左或左上方偏移，以便產生更完美的平衡效果。

六	市	亦	商	享	高	夜	率	裏	音
六	市	亦	商	享	高	夜	率	裏	音

重點提醒

「亠」在上方時，應視下方部件的寬窄，決定橫畫的長短。若下方無橫向筆畫伸展，則「亠」的橫畫要寫長一些，扮演主筆伸展的角色，如「市」、「商」。反之，若下方有橫向筆畫伸展，則「亠」的橫畫要寫短一些，主筆在下半部，如「夜」、「率」。

竟	軍	官	富	室	安	客	密	寫	寧
竟	軍	官	富	室	安	客	密	寫	寧

重點提醒

1. 「宀」的第二筆寫成「豎點」，橫鉤要向左下方鉤，且不可鉤得太長。

2. 「宀」的下半部件若無向左右伸展的筆畫，則「宀」要寫得寬一些，如「官」、「富」；反之，則「宀」要寫得窄一些，如「安」、「客」。

實	完	定	它	守	字	宣	害	家	象
實	完	定	它	守	字	宣	害	家	象
實	完	定	它	守	字	宣	害	家	象
實	完	定	它	守	字	宣	害	家	象
實	完	定	它	守	字	宣	害	家	象

重點提醒

1. 「宀」的下半部件若有向右或右下方伸展的主筆，則「宀」要寫得稍微偏左一些，如「完」、「定」、「它」。

2. 「宀」的下半部件要與「宀」保持適當距離，不可寫得太近，以免看起來空間顯得擁擠。

3. 「家」、「象」二字的下半部件要注意撇畫保持均間。

容	突	究	穿	空	當	常	露	雲	電
容	突	究	穿	空	當	常	露	雲	電

重點提醒

1. 「穴」、「屮」、「雨」與「宀」的組字方法相同，上窄則下寬，上寬
則下窄。橫鉤向左下方鉤出皆不可寫得太長。

2. 「雨」在字的上半部時，要將橫折鉤改成橫鉤，並注意四點保持均間。

需	花	英	草	苦	若	著	落	萬	華
需	花	英	草	苦	若	著	落	萬	華
需	花	英	草	苦	若	著	落	萬	華
需	花	英	草	苦	若	著	落	萬	華
需	花	英	草	苦	若	著	落	萬	華

重點提醒

1. 「艹」要寫得「左低右高」、「左小右大」。
   兩短豎向內斜，形成上開下合之勢。
2. 「艹」的兩短橫要相對應，不宜上下錯位。

　　正確　　錯誤

藉	笑	答	筆	等	第	算	管	節	簡
藉	笑	答	筆	等	第	算	管	節	簡
藉	笑	答	筆	等	第	算	管	節	簡
藉	笑	答	筆	等	第	算	管	節	簡
藉	笑	答	筆	等	第	算	管	節	簡

重點提醒

1. 「⺮」同樣要寫得「左低右高」、「左小右大」。下半部件大多寫得較寬。

2. 「第」字的下方有主筆豎畫，因此豎橫折鉤不可寫得太大、太低，以免影響豎畫的伸展。

3. 「簡」字中間的「日」不可寫得太低，以免影響主筆鉤的伸展。

範	今	合	令	金	命	會	拿	分	全
範	今	合	令	金	命	會	拿	分	全
範	今	合	令	金	命	會	拿	分	全
範	今	合	令	金	命	會	拿	分	全
範	今	合	令	金	命	會	拿	分	全

重點提醒

1. 「人」在字的上半部時，要寫成「撇低捺高」，形成斜勢。
   同時捺筆要伸展，故撇畫起筆在中央偏左的位置。

2. 「金」、「全」二字下方的橫畫不宜寫得過長，以免影響撇與捺的伸展。

發	參	界	春	負	買	貴	責	質	資
發	參	界	春	負	買	貴	責	質	資

重點提醒

1. 「發」字的「癶」同樣是「撇低捺高」，下半部最後一筆要寫成長頓點，以免影響捺畫的伸展。

2. 「春」字的「夫」要注意三橫不可寫得太長，且要有斜勢。撇捺要分開，同樣是「撇低捺高」。

3. 「貝」在字的下半部時，上半部件大多寫得較寬。「貝」的橫畫應保持均間。

費	背	育	肯	青	省	堅	型	益	盡
費	背	育	肯	青	省	堅	型	益	盡
費	背	育	肯	青	省	堅	型	益	盡
費	背	育	肯	青	省	堅	型	益	盡
費	背	育	肯	青	省	堅	型	益	盡

重點提醒

1. 「月」、「月」或「目」在字的下半部時，上半部件要寫得較寬。「月」與「月」的豎撇會寫成短豎。

2. 「土」、「皿」在字的下半部，多寫得較上半部窄。若上半部件較短小，則寫得較寬。

3. 「皿」的短豎要保持均間，「冂」不可寫得太寬，以便伸展長橫。

照	烈	熱	熟	無	黑	然	思	息	忍
照	烈	熱	熟	無	黑	然	思	息	忍

重點提醒

1. 「灬」在字的下半部，均間排列，中間兩點略小，左右兩點較大，多扮演主筆，穩定字的重心。

2. 「無」字的三橫與四豎呈放射狀排列，最後長橫爲主筆，因此「灬」不可寫得太寬。

3. 「心」在字的下半部時，上半部常偏左，下半部「心」則偏右，以產生錯落之美。

怎	忽	急	忘	惡	悲	意	想	態	恐
怎	忽	急	忘	惡	悲	意	想	態	恐
怎	忽	急	忘	惡	悲	意	想	態	恐
怎	忽	急	忘	惡	悲	意	想	態	恐
怎	忽	急	忘	惡	悲	意	想	態	恐

重點提醒

1. 「惡」字上半部的「亞」要有斜勢，並保持均間。

2. 「意」字的長橫向左伸展，且弧度稍大，有利「日」的空間安排，同時能與最後一點相互平衡。

3. 「恐」字的橫斜鉤不宜寫得太大。

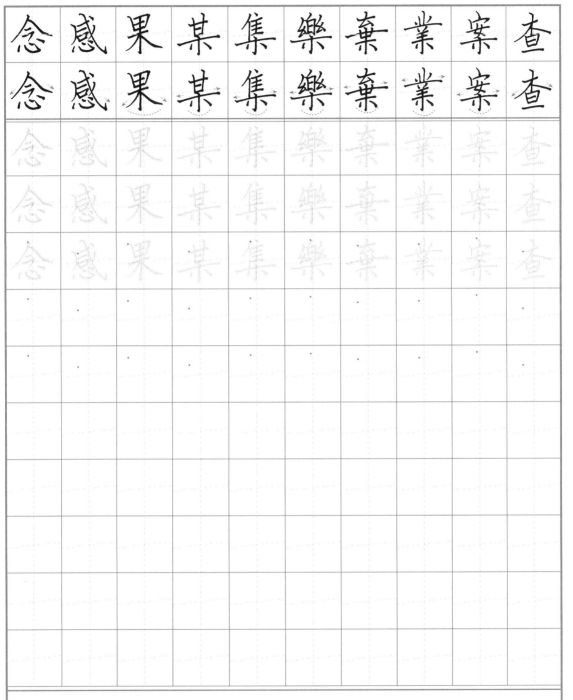

重點提醒

1. 「念」、「感」二字要寫得上寬下窄，「心」要寫得小一些。

2. 「木」在下半部時，多以長橫爲主筆，將撇捺改成兩點，要注意這兩點不宜寫得太開。

3. 「木」在上半部時，橫畫要縮短，撇與捺可寫成撇與長頓點。

禁	系	素	緊	索	專	尋	導	委	要
禁	系	素	緊	索	專	尋	導	委	要
禁	系	素	緊	索	專	尋	導	委	要
禁	系	素	緊	索	專	尋	導	委	要
禁	系	素	緊	索	專	尋	導	委	要

重點提醒

1. 「示」與「系」在字的下半部時，兩點多不宜分得太開。「系」字上方無左右伸展的長筆畫，故兩點較開。
2. 「寸」在下半部時，豎鉤為主筆，因此，點要靠近橫畫。
3. 「女」在字的下半部時，長橫為主筆，撇頓點與撇要靠近一點。

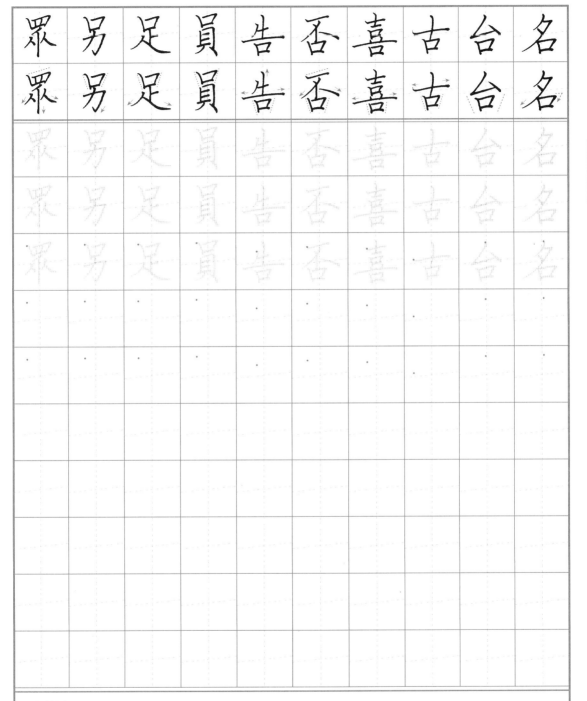

重點提醒

1. 所有與「口」組合的部件都寫得較寬，因此「口」不宜寫得太大，並要注意寫成上寬下窄的梯形。

2. 「告」、「喜」、「古」等字中，有長橫爲主筆，宜適度伸展，「口」則要寫得小一些。

各	男	異	留	易	星	景	量	最	香
各	男	異	留	易	星	景	量	最	香
各	男	異	留	易	星	景	量	最	香
各	男	異	留	易	星	景	量	最	香
各	男	異	留	易	星	景	量	最	香

重點提醒

1. 「田」、「日」、「曰」都是筆畫少的部件，且不能伸展，因此與之組合的部件都要寫得較寬。

2. 「易」字的「日」不可寫得太小，否則上下部件所占的比例會失去均衡。

3. 「最」字上方的長橫略偏左，以凸顯捺的伸展。

書	畫	基	甚	前	首	曾	美	善	義
書	畫	基	甚	前	首	曾	美	善	義

重點提醒

1. 「書」、「畫」二字的橫畫要均間，主筆長橫在上方，宜明顯伸展。

2. 「羊」在上半部的字，下半部都要寫得較寬。

3. 「義」字的上半部偏左，以利斜鉤伸展。

覺	學	愛	受	爭	考	老	者	差	養
覺	學	愛	受	爭	考	老	者	差	養

重點提醒

1. 「少」的長橫和豎畫是主筆，短橫下筆的位置不宜太高。

2. 「受」、「愛」二字的橫鉤不宜寫太寬，以利捺畫伸展。

3. 「學」、「覺」二字上半部「𦥯」宜寫得窄一些，並寫成上寬下窄的形態。

舉	亮	憂	帶	臺	夢	營	習	單	嚴
舉	亮	憂	帶	臺	夢	營	習	單	嚴
舉	亮	憂	帶	臺	夢	營	習	單	嚴
舉	亮	憂	帶	臺	夢	營	習	單	嚴
舉	亮	憂	帶	臺	夢	營	習	單	嚴

重點提醒

1. 「舉」字的上半部「與」要寫得窄一些，以利撇捺伸展。
2. 兩相同部件並列時，宜寫得「左小右大」、「左低右高」，如「營」、「習」、「單」等字。
3. 「𭕄」的下半部寫得較窄，主筆爲橫鉤。
4. 「嚴」字的筆畫較多，要注意均間的距離。

多	奇	步	裝	望	準	些	幸	黃	整
多	奇	步	裝	望	準	些	幸	黃	整
多	奇	步	裝	望	準	些	幸	黃	整
多	奇	步	裝	望	準	些	幸	黃	整
多	奇	步	裝	望	準	些	幸	黃	整

重點提醒

1. 「多」字上下兩個「夕」的起筆位置上下對齊，撇畫平行，最後一撇伸展，點不宜寫得太低。

2. 「準」字上半部不宜寫得太大，下半部「十」的豎畫才得以伸展。

3. 「黃」字的長橫爲主筆，其餘部件應寫得窄一些。

半包圍字

半包圍字有很多形式，有「上包左」的，如「底」、「病」、「處」、「居」等；有「上包右」的，如「氣」；有「下包左」的，如「這」、「建」、「起」等；還有三面包圍的，如「區」、「問」等。各類半包圍字都有其書寫要點，練習時可多留意。

原	歷	壓	產	府	度	底	座	廣	廡
原	歷	壓	產	府	度	底	座	廣	廡
原	歷	壓	產	府	度	底	座	廣	廡
原	歷	壓	產	府	度	底	座	廣	廡
原	歷	壓	產	府	度	底	座	廣	廡

重點提醒

1. 「厂」、「广」等所包圍的部件多寫得較寬，因此上方的短橫不宜寫得太長。

2. 若包圍的部件有向下伸展的筆畫，則撇畫不可寫得太長，如「原」、「府」、「底」。

應	庭	痛	病	處	慮	居	局	展	層
應	庭	痛	病	處	慮	居	局	展	層
應	庭	痛	病	處	慮	居	局	展	層
應	庭	痛	病	處	慮	居	局	展	層
應	庭	痛	病	處	慮	居	局	展	層

重點提醒

1. 「虍」所包圍的部件要寫得較寬。
2. 「尸」的橫折要小於90度，下方部件要寫得較寬。
3. 「展」字的撇捺都不可寫得太低。

屬	房	門	問	間	開	聞	關	氣	風
屬	房	門	問	間	開	聞	關	氣	風
屬	房	門	問	間	開	聞	關	氣	風
屬	房	門	問	間	開	聞	關	氣	風
屬	房	門	問	間	開	聞	關	氣	風

重點提醒

1. 「門」字左右對稱，橫折鉤要向下伸展，裡面的部件宜寫得高一些，以凸顯
   鉤的伸展。

2. 「關」字筆畫多，應注意均間的距離。

3. 「氣」、「風」二字的橫斜鉤宜注意彎曲的角度。

道	過	造	退	追	這	近	迷	送	區
道	過	造	退	追	這	近	迷	送	區
道	過	造	退	追	這	近	迷	送	區
道	過	造	退	追	這	近	迷	送	區
道	過	造	退	追	這	近	迷	送	區

重點提醒

1. 「匚」所包圍的部件不可超過下方的寬度。

2. 「辶」的寫法：①右點收筆處與橫折的折點對齊。

　　　　　　　　　②彎向右下方。

　　　　　　　　　③接寫平捺。

3. 先寫裡面的部件，再寫「辶」。

進	通	連	達	選	適	逐	透	述	遇
進	通	連	達	選	適	逐	透	述	遇
進	通	連	達	選	適	逐	透	述	遇
進	通	連	達	選	適	逐	透	述	遇
進	通	連	達	選	適	逐	透	述	遇

重點提醒

1. 「辶」所包圍的部件寫在方塊之中，
   「辶」與方塊要保持適當距離。

2. 「逐」字的「豕」捺畫要改成點。

3. 「透」字的「秀」捺畫也要改成點。

遺	遭	遊	邊	遍	遠	運	還	速	途
遺	遭	遊	邊	遍	遠	運	還	速	途

重點提醒

1. 「途」、「速」、「遠」等字都將上方的捺畫改為點，以免影響「辶」的伸展。
2. 「遊」字內部不可寫得太開。
3. 「邊」字筆畫多，宜注意均間的距離。

延 建 起 超 越 趣 題

延 建 起 超 越 趣 題

延 建 起 超 越 趣 題

延 建 起 超 越 趣 題

延 建 起 超 越 趣 題

重點提醒

1. 「廴」的組字方法與「辶」相同，先寫裡面的部件，再寫「廴」。

2. 「走」、「是」先寫，再寫裡面的部件。

全包圍字

全包圍字即是「囗」部的字。此類結構的字，因內部筆畫無法伸展，只能將筆畫做均間處理。「囗」的橫折至右下方可略帶鉤，以避免接筆顯得呆板。當「囗」內部的筆畫較多時，特別要注意均間的距離。此外，左下方的橫與豎要互相連接，不宜分開，以免結構看起來鬆散。

示範單字	頁碼
因困固園圍國團圖	132

因	困	固	園	圍	國	團	圖		
因	困	固	園	圍	國	團	圖		
因	困	固	園	圍	國	團	圖		
因	困	固	園	圍	國	團	圖		
因	困	固	園	圍	國	團	圖		

重點提醒

1. 全包圍字要注意左下方的豎畫與橫畫要確實相連接，不可分開；左上方則可不相連，使「口」不會顯得封閉、呆板。

2. 「口」的橫折應略向右上方斜。

3. 「因」、「困」、「固」等字內部筆畫較少，可稍微寫得小一些。

三疊／三拼／複雜字

　　三疊字是指像「品」、「晶」、「森」之類結構的字，要注意各部件的大小。三拼字分成「左中右」與「上中下」兩種，通常筆畫較多，要注意部件的位置高低或長短，以及各部件在格子中的比例。前述「左右組合字」與「上下組合字」中已提及部分常用的三拼字，本節主要是特殊結構的三拼字。而複雜字則是筆畫較多，且部件組成較複雜的字，如「響」。上有三拼字「鄉」，下有上下組合字「音」，結構組成較複雜，書寫時宜注意均間距離的安排，以免寫得太大。

品	臨	協	班	辦	鄉	翻	舊	靠	響
品	臨	協	班	辦	鄉	翻	舊	靠	響
品	臨	協	班	辦	鄉	翻	舊	靠	響
品	臨	協	班	辦	鄉	翻	舊	靠	響
品	臨	協	班	辦	鄉	翻	舊	靠	響

重點提醒

1. 「品」字三個「口」的大小如下：品（中、小、大）

2. 「班」字中間「丿」伸長，「辦」字中間「力」則縮短。依照各部件的條件安排筆畫，能夠伸展的筆畫則伸展，否則就收縮。

3. 「舊」、「靠」、「響」的筆畫較多，上下組合時，筆畫不宜上下拉長，以免影響部件的位置安排。

靈	爾	驚	雙	麗	聲	勢	幾	變	歲
靈	爾	驚	雙	麗	聲	勢	幾	變	歲
靈	爾	驚	雙	麗	聲	勢	幾	變	歲
靈	爾	驚	雙	麗	聲	勢	幾	變	歲
靈	爾	驚	雙	麗	聲	勢	幾	變	歲

三疊／三拼／複雜字

重點提醒

1. 「靈」字筆畫較多，寫時要保持均間，注意部件的分布情形。

2. 「麗」字筆畫多，左撇和豎曲鉤為主筆，向左右伸展。

3. 「聲」字的撇和捺向左右伸展。

4. 「幾」、「變」、「歲」三字要留意筆畫的均間，上半部略偏左，以利右下方筆畫伸展。

飛 歸

飛 歸

飛 歸

飛 歸

飛 歸

重點提醒

1. 「飛」字的筆順：

乁 飞 飞 乜 心 仉 飛 飛 飛 飛

2. 「歸」字的左半部要寫得高一點，讓右半部的懸針豎可以向下方伸展。

國家圖書館出版品預行編目 (CIP) 資料

美字進化論：金牌硬筆字大師這樣寫！800 常用字×結構習字法，給認真想寫
好字的你／李彧著 . -- 初版 . -- 臺北市：麥田出版：家庭傳媒城邦分公司發行，
2016.05
　　面；　公分

ISBN 978-986-344-354-4 （平裝）

1. 習字範本

943.9　　　　　　　　　　　　　　　　　　　　　　　105008201

美字進化論：金牌硬筆字大師這樣寫！ 800 常用字×結構習字法，給認真想寫好字的你

作　　者／李　彧
責任編輯／余純菁
封面設計／蕭旭芳
國際版權／吳玲緯
行　　銷／艾青荷、蘇莞婷、黃家瑜
業　　務／李再星、陳玟潾、陳美燕、杻幸君
主　　編／蔡錦豐
副總經理／陳瀅如
總 經 理／陳逸瑛
編輯總監／劉麗真
發 行 人／涂玉雲
出　　版／麥田出版
　　　　　10483 台北市民生東路二段 141 號 5 樓
　　　　　電話：(02) 25007696　傳真：(02) 25001967
　　　　　網站：http://www.ryefield.com.tw
發　　行／英屬蓋曼群島商家庭傳媒股份有限公司城邦分公司
　　　　　台北市民生東路二段 141 號 11 樓
　　　　　書虫客服服務專線：02-25007718．02-25007719
　　　　　24 小時傳真服務：02-25001990．02-25001991
　　　　　服務時間：週一至週五 09:30-12:00．13:30-17:00
　　　　　郵撥帳號：19863813　戶名：書虫股份有限公司
　　　　　讀者服務信箱 E-mail：service@readingclub.com.tw
　　　　　網址：www.cite.com.tw
香港發行所／城邦（香港）出版集團有限公司
　　　　　香港灣仔駱克道 193 號東超商業中心 1 樓
　　　　　電話：(852) 25086231　傳真：(852) 25789337
　　　　　E mail：hkcite@biznetvigator.com
馬新發行所／城邦（馬新）出版集團
　　　　　【Cite(M) Sdn. Bhd.】
　　　　　地址：41, Jalan Radin Anum, Bandar Baru Sri Petaling, 57000 Kuala Lumpur, Malaysia.
　　　　　電話：(603) 90578822　傳真：(603) 90576622
　　　　　電郵：cite@cite.com.my
總 經 銷／聯合發行股份有限公司　電話：(02)29178022　傳真：(02)29156275
排　　版／游淑萍
製版印刷／中原造像股份有限公司

初版一刷／2016 年 6 月
初版九刷／2018 年 6 月
定價／NT$ 499
ISBN／978-986-344-354-4

本書使用字格為：中文習字裝置新型專利號 M535154